CHAMANES

シャーマン

霊的世界の探求者

セバスチャン・ボー、コリーヌ・ソンブラン 著

国立民族学博物館准教授 島村一平 監修

ダコスタ吉村花子 翻訳

g

解題　シャーマニズム研究の夜明けに向けて

島村一平

映画やアニメ、漫画の世界で「シャーマン」や「呪術師」と言えば、テーマとして選ばれる定番の一つであろう。しかしシャーマンって実際に存在するのか。彼らが体験する精霊の憑依やトランスと呼ばれる精神の状態は、いったいどのようなものなのだろうか。このような問いに満足に答えられるシャーマニズムの概説書は意外と少ない。

本書は、上記のような問いに真正面から挑んだ、野心的な著作だ。それに加えて世界中のシャーマニズムに関する写真や絵が惜しみなく配置された編集も魅力的だ。本書の図版は"エキゾティックな"シャーマンやその道具の写真や絵だけではない。従来の類似書と異なり、シベリアのタイガや北米の砂漠の雄大な風景や、そして幻覚を引き起こすシビレタケなど、シャーマニズムに関係する多様な"自然"の写真も収録されている。

さらに近現代の抽象画や現代舞踊の写真などが散りばめられているのも目新しい。例えば、ページをパラパラとめくると、シャーマンの写真に混ざって抽象画の創始者として知られるワシリー・カンディンスキーの絵が収められていることに気がつく。実は、カンディンスキーはシベリアの先住民エヴェンキの首長の血を引いている。おそらく著者はそこにシベリアのシャーマニックな精神文化の影響を読み取ったに違いない。そのほか、たびたび幻視体験をしたことで知られるイギリスのロマン派の詩人・画家ウィリアム・ブレイク（1757-1827）の絵や、生きている鳥類とコラボすることで知られる前衛的な舞踏家リュック・ペットンの舞台写真なども収録されている。

このように幅広いカテゴリーの図版が収録されているのは、本書が"新しい"シャーマニズム観に基づいて執筆されたからに他ならない。本書では、シャーマニズムを単なる非西洋の伝統的な実践に限定していない。図版の構成を見るだけでも、伝統的なシャーマ

ズムとネオ・シャーマニズム、芸術的なインスピレーションと霊の憑依、あるいは西洋と非西洋といった二項対立を越えた存在としてシャーマニズムを再構想しようとする著者の強い意志が感じられる。

実はこうした"新しい"シャーマニズム観は、1970年代、宗教学者の堀一郎が提示したそれに親和的だといえる。堀は、シャーマンを大きく「呪的カリスマ」と捉えることで、シャーマニズムを、時空を越えた宗教の本質であると見なした。したがって堀の手にかかれば、卑弥呼にはじまり、神道の巫女や密教・修験道の行者はもちろん、近現代における社会不安を背景に誕生した新宗教の教祖たちもシャーマンだということになる。さらに一遍の踊り念仏や平安期の遊女「うかれ女」などについても「芸能化したシャーマニズム」だとする。

これに対して、類型化を厳密に行う欧米の学問的伝統では、堀のような総合的な、あるいは「あれもこれもシャーマン」とも取れる捉え方はしてこなかった。そういった意味において本書のシャーマニズム観は、50年の時空を隔てて堀一郎のシャーマニズム論と共鳴をするものだと言えるかもしれない。

さて本書を執筆したのは、セバスチャン・ボーというフランスの気鋭の人類学者である。ボーは、南米のアンデス高地やアマゾン河流域の先住民社会で豊富なフィールド経験を有している。彼自身が紹介する、該博な知識と最新の人類学理論に裏づけされた、めくるめく世界の諸地域のシャーマニズムの世界も本書の大きな魅力であろう。また本書は、モンゴルで実際にシャーマンになる経験をした旅行作家、コリーヌ・ソンブランのエッセイも付論としてつけられている。このエッセイも従来のニューエイジ的なものではなく、トランスを巡る神経科学的な探求となっており、いい意味で我々の期待を裏切ってくれるものだ。

ところで筆者の専門は文化人類学で、モンゴルやブリヤートのシャーマニズムに関する文化人類学的研究

に従事してきた。そのような経験を踏まえ、ここでは本書の内容に触れながら、その魅力と学術的意義、そして限界も含めて簡単に解説しておこう。

先ほど述べたように、本書は人類学者ボーの執筆した2部と旅行作家ソンブランの付論で構成されている。第1部では、「シャーマンの地理学」と題して世界の様々な地域のシャーマンたちの実践が最新の人類学的理論に基づいて紹介される。そして第2部の「シャーマンになるということ」では、実際、シャーマンになるということはいかなる経験なのか。シャーマンの側から見た彼らの経験する世界が紐解かれていく。そして最後にソンブランによる付論「トランスと神経科学」になっている。

まずは第1部の「シャーマンの地理学」は不思議なタイトルだ。地理学と称しながら、そこに書かれているのは、西洋人たちが見たシャーマニズムの"歴史"だからだ。シャーマン概念の揺籃の地である北・中央アジアにはじまり、シベリア、サーミを有するヨーロッパ北部から南北アメリカへ。探検家やキリスト教の宣教師たちの旅行記や年代記などを用いながら、西洋人たちが現地のシャーマンをいかに理解・記録してきたか、その"歴史"が紹介されていく。

とりわけ「シャーマン」という概念の発祥の地である、シベリアの狩猟社会についての章は注目に値する。動物種との婚姻・同盟関係からシベリア狩猟民たちのシャーマニズムを読み解いたシャーマニズム研究の大家、ロベルト・アマヨンの理論が簡潔に紹介されている。日本ではあまり紹介されてこなかったアマヨン理論の精髄に触れられるのも本書の楽しみの一つだと言ってよい。

もう一つ興味深いのは、本書はシャーマニズムの対象地域をほぼユーラシア北部と南北アメリカに限定している点だ。この地帯は、実は革張りのシャーマンドラムを叩いて「トランス」に入っていくという点でほぼ共通し

ている地域帯である。したがってアフリカや東南アジア、そして日本といった、ドラムを使わない地域の「シャーマン」は、捨象されている。おそらく著者はドラミングに誘発されるトランス状態こそシャーマニズムの核心だと言いたいのであろう。ちなみにこの地域設定は、ドラミングを通じてトランスを経験したソンブランのエッセイの伏線ともなっている。

次に「翻訳の問題」という章から「向精神性物質と陶酔するシャーマン」という章までは、通文化的に共通する「シャーマン」の特徴が抽出される。例えば、「霊的な世界を旅する」ことや「生命の力を吹き込まれた」経験をするといったことだ。そして核心的な特徴である「精霊と親しい関係を築く」ことが取り上げられる。ちなみにこれらの特徴の中に"憑霊型"か"脱魂型"かという分類はまったく登場しない。と言うのも、著者に限らず欧米の研究者たちは、すでにこの分類に意味を見出さなくなっているからだ。実は、純粋に脱魂型のシャーマンがシベリアでもあまり見られないこと、むしろ両方の経験をしていることが多いことが知られているが、いまだに日本ではこの文化圏構想に基づいた分類にこだわる研究者が少なくない。

「シャーマニズムを理解すること」という章以降は、西洋によるシャーマニズム理解の歴史となっている。非西洋世界の探検と植民地化を進めていく中で彼らは、世界各地で「シャーマン」に邂逅（かいこう）する。彼らが残した古記録からは、シャーマンがペテン師や悪魔のしもべと見なされていたことが内省的に記述されていく。そして近代医学の登場によってシャーマンは、精神病患者とされるものの、20世紀中頃から様々な分野の学者の活躍により、精神病患者説は退けられ肯定的な評価を獲得するにいたることが説明されていく。

そして本書の最も核心となるのが、第2部の「シャーマンになるということ」である。ここでは、様々な地域で、いかにしてシャーマンが誕生しているのか、その成巫（せいふ）

のプロセスがシャーマン側の目線から紹介されている。

その際、重要なのは、トランス状態に入った見習いシャーマンたちは、認知レベルで自らの身体がバラバラになったり、動物に変身したりといった身心変容を実際に経験しているということだ。本書では、世界各地のシャーマンたちのトランスの中で経験する、様々な"魔術的な"世界が、メタファー（暗喩）としてではなく実際に知覚されているものとして紹介されている。

こうした新しい記述の背景には、フランスを舞台に展開されてきた新しい人類学の潮流がある。本書でも引用されているフィリップ・デスコーラは、アマゾン河流域のアニミズムの研究を通じて人間と自然を対立的に区分して考える従来の西欧の二元論的発想を「自然主義」と呼んで批判した。またブラジル出身の人類学者エドゥアルド＝ヴィヴェイロス・デ・カストロも、人と動物の視点を双方の関係性の中で捉え直すパースペクティブ主義や、従来の単一の自然観ではなく視点が変わることで多様に変貌する多自然主義を唱えた。このような新しい理論を参照しながら、本書では観察者の目線ではなく、シャーマンや精霊、動物といった非人間からの目線で書く、ある種の眼差しの転回が企図されているのである。

そして最後に旅行作家ソンブランの付論「トランスと神経科学」だ。ソンブランは、2000年代の初頭、モンゴルの北部に住むダルハドと呼ばれるマイノリティのところでシャーマンになるという経験をした。ドラミングを通じてトランス状態に陥った彼女は、自身があたかも動物へと変わっていく感覚を得る。これをきっかけに彼女はドラミングによって人間は誰でもトランス状態に入ることができると考えた。ソンブランはこれを「認知トランス」と名づけ、その脳神経科学的特徴や医学的な効能を探求していく。そこで何が明らかにされてきたのかは、本文に譲ろう。

以上のように、本書のシャーマニズム論や科学から

トランスに迫るエッセイは非常に魅力的で読み応えがある。その一方で、ある種の既視感と違和感を抱いてしまうことも否めない。例えば、著者ボーのシャーマンの捉え方に堀一郎の姿が、多自然や精霊や動物の目線から世界を捉える手法からは、岩田慶治のアニミズム論がどうしても目に浮かんでしまう。加えて先住民の習俗から抽象度の高い"哲学"を抽出する知的営為の中に、アマゾンの密林から利用可能な資源を取り出す開発行為との類縁性を感じざるをえない。つまり生ものではなく抽出したもの／ことしか関心を示さないという点において、彼らの科学と資源開発は思考法を共有しているのではないか。おそらくソンブランのシャーマン体験からトランスを探求するプロセスも同様であろう。彼女は通訳を介してモンゴルのシャーマニズムと出逢った。そして現地の社会・文化的背景を捨象したがゆえに、「認知トランス」という現象の抽出が可能になったと言ってもよい。

実は、ソンブランがシャーマンの弟子入りをしたというダルハドというマイノリティは、外部者に対して非常に閉鎖的な集団として知られている。伝統的にシャーマンは世襲とされており、外国人や他のエスニック集団といった外部の者を弟子に取ることは基本的にないと言ってよい。それは、18世紀末から20世紀初頭にかけて、帝政ロシアと清朝の板挟みにされた狩猟・牧畜民だった彼らの被抑圧の歴史と深く関わっている。ただしポスト社会主義期（1992 ～）の社会・経済的混乱の中で、外貨稼ぎのために集団の掟を破る者が出てきた。おそらくこうした事情をソンブランは知る由もないだろう。ちなみにあるデンマークの人類学者が、上記のような背景のもと、ダルハド人たちが「あいつは偽物のシャーマンだ」と言い合っているのを耳にし、お互いにシャーマンの真正性を疑い合うのが、彼らのシャーマニズムの本来の姿だと考えた。そこで『本物のシャーマンではない』という本を書いて欧米で高評価を受け

るという笑えない話もあった。この人類学者もモンゴル語の能力が低く、基本的に通訳を通じて調査をしていた。

　またソンブランは本書で、モンゴル国内に30人程度（人口の0.001％）しかシャーマンがいなかったと述べているが、これも明らかに誤謬である。2000年前後のモンゴルでは、社会主義崩壊後の社会不安を背景にシャーマンの数が急増中であった。それは拙著『増殖するシャーマン』を参照すれば了解いただけるかと思う。その後、2010年頃には、モンゴルでは、人口の1％近くがシャーマンになっている。もっとも「太鼓のリズムを聞くことで、誰でもトランス状態に入ることができる」というソンブランの仮説を、結果的に補強する情報なのであるが。

　いずれにせよ本書のシャーマニズム理解は、何かを抽出したせいでそぎ落とされた面が多々あるのは否めない。つまり本書では、シャーマニックな実践を「自然」や非人間との関係やドラミングの技法のみを抽出した。その結果、歴史や社会状況の中のシャーマニズムは見えてこなくなったのである。

　わかりやすい話をしよう。第一にソンブランが弟子入りしたダルハドのシャーマンたちの精霊は、基本的に18世紀〜20世紀初頭にかけてマジョリティであるハルハ・モンゴル人と闘い敗れ、死んでいったいわば怨霊たちである。たとえそれが動物の姿を取っていようが、その背景を彼女は果たして理解しているのだろうか。

　第二に北方ユーラシアのシャーマンたちは、シャーマンドラムのみを使って儀礼を行うのではない。口琴を使う憑依儀礼もある。そしてもっと重要なのは、ドラミングの際に歌う精霊を召喚するための歌だ。とりわけテュルク・モンゴル系の諸民族の間では、シャーマンは太鼓を叩きながら、頭韻を踏んだ召喚歌を歌う。モンゴルのシャーマンたちによると、韻を踏んでいると自然と自分の意識とは別に言葉が発せられてくるのだ

といい。これこそが精霊の言葉なのだとシャーマンたちは語ってくれた。つまり韻踏みは、自分が意識して語れる言語とは異なる、意識的に操作できない言語を自動的に語らしめるテクノロジーだと言えよう。これを私は「韻の憑依性」と名づけたが、本書で紹介されたドラミングや向精神性物質以外にも、シャーマニズムには豊穣な「トランス」文化があることを指摘しておきたい。

　実は近年、アメリカでも認知科学の発達に伴い、シャーマンの「トランス現象」に迫るような研究が増えている。すでに80年代、精神分析学者のリチャード・ノルは、シャーマンが認知レベルで精霊を見たり、声を聴いたりできるとし、「メンタル・イメージ能力の開発 mental imagery cultivation」と名づけている。またその影響を受けた心理人類学者のターニャ・ラーマンは、アメリカのキリスト教原理主義者の一派であるペンテコステ派の人々が神の声を聴いているのは、認知レベルの事実であるとし、その技法を「内的感覚の開発 inner sense cultivation」と呼んだ。シャーマニズムやトランス現象は、人間の内的世界を明らかにする上で、極めて重要な研究領域であると考えてまちがいないだろう。

　これに対して日本では、90年代半ば以降、シャーマニズムを研究する人類学者の数は非常に少なくなった。90年代末から2000年代にかけてモンゴルのシャーマニズムが人類学上のホットスポットとなっていた欧米の人類学とは真逆の傾向である。当然にして、シャーマンのトランス現象に対して、人類学者が神経科学や精神医学と協働して新しい領域を開拓する動きもほとんど見られない。そう考えると、トランス現象の解明のために、神経科学者を巻き込んで研究所を設立するまでに至ったソンブランの蛮勇に対して、畏敬の念を抱かざるをえないのである。

「私は興奮し、この物質的世界を出て、時間も空間も異なるリズムの場に向かっているように感じた。
私は相変わらずこの世界の限界の中に留まってはいるが、別の世界に生まれた何者かの眼差しを得た。
呪医たちなら、私のことを予言者だと呼ぶだろう。だが、私は決して理解しえない力に支配されていた。
こうした素質を失ってもう何年にもなるが、この喪失は人生最大の悲しみだ。
時には、私の人生そのものがこの素質を取り戻すための
長い模索にすぎないのではないか、という気がする」

リチャード・ワーゲミーズ
『インディアン・ホース *Indian Horse*』

ワシのかぶりものをかぶった
北アメリカの先住民クロウ（アプサロケ）のシャーマン。
エドワード・S. カーティス、1908年

目次

GÉOGRAPHIE
chamanique

第1部　シャーマンの地理学

DEVENIR
chamane

第2部　シャーマンになるということ

TRANSE
et neurosciences

付論　トランスと神経科学　コリーヌ・ソンブラン

Introduction

はじめに

皆さんが会話の中で「シャーマン」という語を使ったとします。聞き手はなんとなくその意味を理解していることでしょう。しかし最初にこの言葉の意味を明確にしておく必要がありませんか。例えばシャーマニズムは、何千年もかけて蓄積されてきた植物学の知識ではありません。また文化的な諸制度によって維持されてきた伝統医学でもなければ、かつて宗教学者のミルチャ・エリアーデが定義した「古代のエクスタシーの技術」でもありません。教義や信仰を伴った宗教でもありません。当然のことですが、シャーマニズムの実践・理論・表象は、社会集団によって異なることも念頭に置いておかねばならないでしょう。つまり多元性こそがシャーマニズムの核なので

す。したがって「シャーマニズム」という語を使うためには、まずは語そのものをきちっと定義する必要があります。しかしこれがなかなかの難題です。シャーマニズムは、経験的かつ日常的な実践です。そして地理的にかなり広範な地域にまたがった特徴的な実践でもあります。つまり象徴と文化の体系であると同時に世俗的な伝統とでも言いましょうか。

今日、「シャーマン」や「シャーマニズム」という用語は、過去と現在の対照的な現実に関わる人物や実践を指すのに使われています。しかし実際の過去と現在の間に連続性がなくても使われています。異なる役割を担っている人物がどのような文脈のもとで観察されたかについても問われていません。

こうした現状は「シャーマニズム」という概念の濫用だと言えるかもしれません。仮にそうであるならば、「シャーマニズムなんて人工的につくられたカテゴリーなのだ」と主張することをいとわない人がいても不思議ではありません。つまりシャーマニズムなんて、本書の著者である我々のような、シャーマンになった旅行作家（ソンブラン）や、民族学者（私）の頭の中だけに存在する、異なった事物を寄せ集めて捏造したものにすぎないのではないのか、あるいは外の世界と何の関係もないものにすぎないのではないのか、と言う声が聞こえてきそうです。

現代は多文化主義の時代です。また想像上の文化が混ざり合うことも当たり前となっています。シャーマニズムは衰退の危機に瀕した社会現象として立ち現れていますが、一方で現代社会の文化変容に対して高い適応性を示しています。そして確かな生命力を保ちながら、広く実践されています。

こうした変化の中、シャーマニズムは他者との関係を築きながら、出逢いと再生を絶え間なく繰り返してい

ユール・ブック（ユール祭のヤギ）の姿。
ノルウェー、フレッケフィヨール、シャルル・フレジェ、2019年

ます。シャーマニズムは、ある地域では他のイデオロギーや社会制度の周縁で時には密かに守られています。また別の地域では、一度失われたものの再発見され、模倣されたり、再び手を加えられたりして「ネオ・シャーマニズム」に変わっています。

「ネオ・シャーマニズム」とは、土着的性質も帯びていますが、主としてグローバルな新時代のスピリチュアリティや伝統的慣習の復活を指す用語です。こうしたスピリチュアリティや伝統的慣習は、モンゴルやシベリアでは、ソビエト政府により誹謗中傷がなされ、その実践も禁止されてきました。アメリカでは長年学校教育を担ってきたキリスト教会により、同様の措置が取られました。そしてシャーマニズムの信者たちも迫害を受けてきました。そのような事情から「ネオ・シャーマニズム」という言葉は、伝統的な真正なるシャーマニズムと、そうではない形態を人為的に対立させる概念であると言えます。この用語は、批判の対象とされてきましたし、適切だとは言えないでしょう。

シャーマニズムの実践は、古くからヨーロッパの外交官や宣教師、船乗りや探検家、知識人たちによる年代記や旅行記に記録されてきました。例えば、中央アジアや極東に関しては13世紀以降、ヨーロッパ北部についても13世紀以降、アメリカに関しては15世紀以降、記録が残されています。しかしヨーロッパ人が出逢った儀礼や奇妙な風習は、ヨーロッパには見当たらないものでした。もちろん当時のヨーロッパには、農耕に関わる儀礼や謝肉祭、民間療法などシャーマニズム的な要素を持つ風習は少なからずありました。しかしヨーロッパ人たちは、自分たちにとって未知の存在である儀礼に精通した風変わりな人を、予言者、呪術師、魔法使い、悪魔のしもべ、奇術師（曲芸師の意味もある）などと呼ぶようになったのです。

そして17世紀以降、ヨーロッパ人は、このような人々を「シャーマン」と呼ぶようになりました。ヨーロッパの観察者たちは、「シャーマン」という特定の呼び方を固定化するのをよしとせず、以降、このカテゴリーは変転を遂げました。またキリスト教圏のヨーロッパ内でも、「憑かれた人々」というカテゴリーはおなじみであったにもかかわらず、シャーマンというものをそれと対照的なものとして、ヨーロッパ人が植民地化を進めていたエ

『アメリカ史 Americae Tertia Pars』より「野蛮人に襲いかかるカコダイモーン（悪霊）」。
テオドール・ド・ブリーの版画、1562年

キゾティックな異郷や別世界の存在として遠ざけるようになったのです。

　本書においてさらに重要な点は、この「シャーマン」というカテゴリーは、観察者の目に突飛だと映った身体的ふるまいをもとに構築されてきたということです。何世紀にもわたり、シャーマニズムは「魔術」（著述家マラン・ディエール、1708年）、「ペテン」（歴史家ピエール＝フランソワ・グザヴィエ・ド・シャルルヴォワ、1744年）、「矛盾に満ちた偶像崇拝と理不尽さ、この上なく愚劣な迷信の塊」（ドイツの地理学者ヨハン・ゴットリープ・ゲオルギ、1776年）、「生理学的に病的な現象」（民族学者クリヴォシャプキン、1861年）とされ、さらに20

世紀に入ると、社会進化論の台頭と、社会や信仰のヒエラルキー化を目指す社会進化論者により、「原始的なふるまい」との烙印を押されました。観察可能なふるまいは差異を正当化し、シャーマンは発見当時から長きにわたり「ペテン師」と断じられたのです（ディドロ、ダランベール『百科全書』1751-72年）。

　つまりシャーマニズムとは、ヨーロッパ、すなわち一般に「西洋」と呼ばれる私たちと、彼らとの間を隔てようという意志によって生み出されたカテゴリーなのです。シャーマニズムは、植民地征服や国家形成といった進化の物語として考え出された歴史の中に位置づけようとして組み込まれ、秩序を持たせようという意志に

よって生みだされた概念です。ところが1960年代になると、価値観の逆転が起こります。その背景には、人間の意識に関する科学的な研究や、アメリカにおけるヒッピーやサイケデリックムーブメント、当時生まれつつあった環境政治学の動きなどがありました。これらが関与することで、シャーマニズムは魅力的なものだと理解されるようになりました。そして権威も付与されるようになったのです。現代では、シャーマンを自称したり、他者からシャーマンと認められたりすることや、正統なシャーマニズムを実践することすらも、時流に乗った社

会的事実となっています。

　ではシャーマンとは文化の橋渡し役なのでしょうか。人間の欲望や精霊の意志の吹聴者なのでしょうか。あるいは予言者なのでしょうか。幸運をもたらす精霊の友人なのでしょうか。二重の面を持った人間の精神なのでしょうか。呪医や秩序の回復者なのでしょうか。人類学者ロジェ・バスティードの言うような、筆舌につくしがたいものや不可視のものを経験し、聖なる野生の領域に到達することができるトランスの専門家なのでしょうか。それともそれらすべてなのでしょうか。

第1部　シャーマンの地理学

Chapitre I

GÉOGRAPHIE
chamanique

「シャーマンは突然、天幕の壁の方に向きを変え、リュックの中を探った。
一同は息を詰めたまま、[中略] シャーマンがよれよれになった
薄赤の木綿の帽子を引き出し、振りまわした。
慣習に従うならば、まずは衣装をまとうべきではなかろうか。
『なぜ鎧が必要なのか。今回は、死にも悪魔にも対峙しない。
何よりも必要なのは、耳を傾け、見張り、話をするための、この兜だ。
兜にはアンテナがついており、隙間からはモノが見える』。[中略]
シャーマンは天幕の壁の方を向いていたが、半分振り返った。
兜の顔の側には、きらきらとした2列の真珠貝の飾りがぶら下がっていた。
その飾りの間に前髪が顔を覆うかのように伸びていた。
前髪の隙間から透けて見える顔は暗く、復讐に燃えるような表情をしている。
それを目にした人々は、身震いした [中略]。
シャーマニズムを行おうとする者は誰であれ、補助霊が出現しない限り、
仮面の下の顔を闇に隠しておかねばならないのだ」

シベリアのトゥバ人の作家、ガルサン・チナグの
『選ばれた子ども *L'enfant élu*』より

初期の年代記や旅行記には、シベリアのシャーマンが腹話術師のように動物の鳴き声や身体の動きをまねる様子が描かれています。彼らは足を踏み鳴らし、飛び跳ねます。そして頭突きをしたり、ぶるっと震えたかと思えば、気を失ったりします。またシャーマンは、トナカイやヘラジカなどの大型のシカ科の皮をまとって、角のついたかぶりものをかぶります。そして太鼓を鳴らしながら語り、歌を歌います。北米大陸のフランス植民地「ヌーヴェル・フランス」においても、カリブ海に浮かぶアンティル諸島やアマゾン河流域においても、シャーマンの存在が観察されました。これらの地域のシャーマンたちは、天幕を揺らして嘔吐を誘発し、病人から何らかの物質や物体を吸い出します。そのために様々な植物を摂取していました。また様々な喉音やしわがれ声を出します。時には咳払いをし、うなるような息づかいをしながら。また口笛で動物の鳴き声をまねることもありました。初期の観察者はシャーマンが野生化していると考えましたが、これはシャーマンが別の存在への変容や変身

シベリアのテレウト人やトゥングース人のシャーマンや猟師。手彩色リトグラフ、フリードリヒ・ヴィルヘルム・ゲートシュ、1835-40年

を行っていることの表れなのです。

　シャーマンは暗闇に紛れたり、布に隔てて身を隠したりします。また枝と皮でできたテントに隠れたりします。ただし身体が隠れていようがいまいが、飛び跳ねます。風になびく様々な装飾品や顔を覆い隠す細い布切れがめくれていても構いません。震えて目を引きつらせ、死んだように倒れ込みます。赤々とした燃えさしや、針や刃に身体が触れていても無傷です。彼らは、外見的にも人間と動物の境界にあります。そして生者と死者（すなわち霊）が入り交じった状態に位置しているのです。

　シャーマンは、精霊たちと仲良くなりながら自身の経験を楽しみます。儀礼中、精霊たちに命を吹きこむために小物やジェスチャーを使って戯れます。また儀礼の参加者の恐怖心や欲望、人間関係を巧みに操ります。さらにシャーマンは目に見えない何かを運んだりします。また何かを取り除いたりするふりをします。こうしたメタ

ファーを使うことでシャーマンは、儀礼を成立させているのです。つまりシャーマンは自ら関与しやすい環境をつくりあげているのだと言えます。人類学者のフィリップ・デスコーラが論じているように、彼らがごまかしの手段を用いる理由は、通常の言葉では説明できないものです。と言うのもシャーマン儀礼におけるトランスとは、非常にホリスティックな経験だからです。「ごまかし」という言葉では表現しきれない豊かな意味であふれているのだと言えるでしょう。

　私たちはこのトランスというものを突飛な行動や野生化、遊びなど様々に解釈しますが、それだけがシャーマニズムの特徴や条件というわけではありません。1920年代、グリーンランドのシャーマンであるイグジュガルジュクは、探検家にして人類学者のクヌート・ラスムッセンに次のように語りました。

「私は、アンガコック（イヌイットの言葉でシャーマンのこと）を信頼に値する存在だと考えたことは決してない。彼ら海のシャーマンは、人目を引くような曲芸ばかりに夢中で、大地を飛び跳ねたり、精霊の言葉と称していろいろなたわごとや嘘を口走ったりするからだ。私からすればそんなものは単なるまやかし、無知な者たちを驚かせるためのものにすぎない。本物のシャーマンは飛び跳ねたり、曲芸を演じたり、明かりを消して暗闇をいいことに周囲の人を惑わそうとしたりはしない」

　20世紀末、民族学者エリック・ナヴェは、仏領ギアナのテコ人のシャーマン儀礼を観察しました。この儀礼において、パジェと呼ばれるシャーマンがトランス状態に入ったとは確認できませんでした。彼らの治癒儀礼は必ず夜に行われます。シャーマンは病人の寝ているハンモックの隣にすわり、何時間も一本調子の祈祷詞を唱えながら、マラカと呼ばれる儀礼用のガラガラを鳴らします。パジェはほとんど身動きせず、ヒョウタンに入ったカシリ（キャッサバのビール）を飲む時だけ、独り言を中断します。このようにテコのシャーマニズムは非常に地味で、内的興奮をうかがわせるようなものなどは一切ありません。この状況をトランスと呼ぶのが果たして適切なのか、という疑問がわいてきます。

民族誌家のS.I.ボリソフが撮影した20世紀帝政ロシア時代のはがき。フランス語で「Un chaman（sorcier）d'Altaï アルタイのシャーマン（魔法使い）」との書き込みが残されている

アルタイのチェルカン人のシャーマン

Asie CENTRALE et SEPTENTRIONALE

中央・北アジア

天へ乳を捧げる儀礼、モンゴル

13 世紀のヨーロッパには、以下のような記録が残っています。

「夜になると、悪魔は［中略］女性の姿をして、他の者を引き連れて家や倉を訪れる。人はこれを［中略］豊穣の女神と呼んだ。訪れた先の家に豊穣をもたらすと言われていたからだ。老女たちは、この種の悪魔を『女神』と呼んだ。だた、これはまちがいで、そんなことを信じたり夢想したりしていたのは、彼女たちだけだった。［中略］容器にふたがされて閉じられていれば、女神たちはその食べ物にも飲み物にも手をつけず、家は不幸と不運に見舞われた」（13世紀、オーヴェルニュのギヨーム）

マルタン・ル・フラン『女性の擁護者 *Le Championdes dames*』より、ほうきと杖に乗って空を飛ぶ二人の魔女。装飾写本、1451年

「多くの人々が常軌を逸し／夜になると、魔女になって／アボンドの女神と彷徨すると信じている／彼らは［中略］身体から魂が抜けると言う／魂は善良な女神と共に／公共の場所や家々に行く」（ギヨーム・ド・ロリス、ジャン・ド・マン『薔薇物語』）

　また1324年のアイルランドの魔女裁判の記録には、「女の戸棚の中を調べたところ、イエス・キリストの名ではなく、悪魔の名前が書かれた秘跡のパンと、軟膏の入った筒型容器が見つかった。彼女はこの軟膏を杖に塗り、それにまたがってぶらつき、駆けめぐっていた」と記されています（「アリス・カイトラーに対する訴訟手つづきについての同時代の記録 *A Contemporary Narrative of the Proceedings Against Dame Alice Kyteler*」）。
　年代記編者ハンス・フリュントも、1428年の妖術師・魔女狩りについての報告書に以下のように記しています。「悪魔が信奉者たちに空を飛ぶための特別な軟膏をどのように腰かけに塗るのか、どのようにオオカミに変身したり、姿を消したりするかを教えた」。またヨハン・ニーダーは1484年の著書『フォルミカリウス *Formicarius*』で、ローマ神話の女神ディアーナと共に行動したと信じるある老女の件を報告しています。ここにも明確に夜間飛行のテーマと、カトリック教会の司教教令集の伝統に沿った単なる迷信との混同が見られます。

　このような理解の枠組みがつくりあげられた結果、西洋人たちはモンゴルやサーミやシベリア、アメリカのシャーマンとはじめて接触した時、そこで目撃した習俗を悪魔の出現やまやかしだと断じました。判断の背景

となっていたのが、想像の産物に対するキリスト教会の偏見です。何万人もの人々が異端審問や異端狩りや魔女狩りで悪魔と共謀したと糾弾され、火あぶりの刑に処された時代のことです。

　ヨーロッパの古記録にはじめてシャーマンが登場するのは13世紀のことです。モンゴルに旅した修道士ヨハンネス・デ・プラノ・カルピニやウィリアム・ルブルック、マルコ・ポーロらが、変動期のモンゴル社会で儀礼を目撃しています。マルコ・ポーロの1298年の記録には次のように記されています。「占星術師や偶像崇拝者たちは大ハーンに、全知の霊が飲むことができるよう、毎年8月の28日目に空や地にこのミルクを撒くようにと伝えた（さらに頭髪や髭を剃った、あるいはぼさぼさ頭で毛むくじゃらで、髪に櫛など通したことのないバクシについての記述がつづきます）。彼ら曰く、この偶像は悪天候を呼び寄せることができる」。さらに彼らは「予言や卜占（ぼくせん）や鳥の飛翔占いや妖術や魔術にふけっている」ともあります（プラノ・カルピニ、1247年）。「こうした占い師や魔術師は［中略］知りたいことを教えてもらうために悪魔に助けを求め［中略］、まじないをつぶやき、小太鼓を持ってこれを地面に強く打ちつけ、激しく身動きし、我を忘れ、夢を見はじめ、その後、強く自分を縛りつけさせる。夜の闇に紛れて悪魔がやってきて［中略］、聞かれたことに答える」という記述も残っています（ルブルック、1255年）。
　同じ頃のペルシャでは、『集史 Jami al-tawarikh』を編纂したラシード・アッディーン（1248-1318年）がこの書物の「ガザン史 Ta'rikh-i Ghazani」の部分において、「イルハン朝の君主アルグンの病気について相談を受けたカムたちは、肩甲骨を用いて占いをし、この病気は呪いであるとの結論を出した」と記しています。

また歴史家アターマリク・ジュヴァイニー（1226-83年）は『世界征服者の歴史 Tarikh-i Jahan-Gusha』において、「現在のモンゴル人と同じく、ウイグル人たちにもカムという魔法使いがいた。彼らは悪魔に憑かれていると自称し、悪魔からあらゆる出来事について知らされると主張する。［中略］悪魔は天幕の上の開口部からやってきて、カムたちと話す。魔法使いと親しくなることもあり、彼らの中に入り込むこともある」（歴史家アブラハム・コンスタンティン・ムラジャ・ドーソン、1824年）と記録しています。

14世紀のラシード・ウッディーンの『集史』写本より、チンギス・ハーンの野営地

Sibérie

シベリア

エヴェンキ人のシャーマンのかぶりもの。
布地でできた帽子に鉄冠や鹿の角がついている。
19世紀末

　　れら初期の報告から400〜500年後、シベリアにおいてシャーマニズムがヨーロッパやロシアの人々により確認されましたが、シャーマンは、繰り返し似たような言葉を使って記述されました。「シャーマン（シャマン）」という語は、1672年の文献『アヴァクーム自伝』に登場しています。この言葉は、もともとトゥングース語が語源です。シベリアのエヴェンキやエヴェンの人々、中国北東のナナイ人や満洲人たちの間で話されてきた言葉です。

　シベリアに関する報告書の中には、シャーマンの衣装に関する詳細な描写も含まれていました。それによると、エニセイ河流域のシャーマンの帽子には「たくさ

んの紐がついており、とても長いため、前に垂れると顔が見えなくなる」とあります（博物学者ヨハン・ゲオルク・グメリン、1767年）。またエヴェンキのシャーマンの衣装は「一種の上着で、鉄製の像がいくつも垂れ下がっている。それらの像は様々な種類の鳥や魚、猛獣や矢などで［中略］、兜には鹿の角のような二つの大

エヴェンキ人のシャーマンの衣装。コート、飾り襟、前掛け
（金属の装飾品、鈴、細紐、円筒状の布）。
太鼓には輪になってまわるトナカイが描かれ、
太鼓のばちには、ヘラジカの頭部をかたどった
装飾があしらわれている。
19世紀末

シベリア東部のトゥングースのシャーマン。20世紀

シャーマン。油彩、ワシリー・イワノヴィチ・スリコフ、1893年

（ゲオルギ、1776年）

「象形文字や偶像、あらゆる種類の動物の姿が描かれた皮張りの太鼓を操って、霊を思いのままに呼び寄せたり消したりできると称し、恐怖をかきたてる音楽（を奏でる）」（探検家アダム・ブランド、1699年）

「（シャーマンが）突然立ち上がると、太鼓を叩きながら叫ぶ。口笛を吹き、わめき声を上げる。そして扉の方へ向かい、小屋のまわりを跳ねまわる。この音や叫び声、飛び跳ねる動きは、悪魔を呼び寄せるための言動やご機嫌取り」（グメリン、1767年）

「悪魔が様々な場所（コリャーク人やイテリメン人のシャーマンのもと）にやってきて、様々な姿で［中略］夢の中に出現し［中略］、ずいぶんと激しく動揺させるので、シャーマンは我を失い、一種の錯乱状態に陥る」（探検家ステパン・クラシェニンニコフ、1755年）

「（悪魔は）大きな黒鳥の場合もあれば、おぞましい姿のこともあり［中略］、煙突として使われる天窓から小屋に降りてくる。シャーマンは狂人のように仰向けに倒れ、鳥はすぐに消え去る。15分もすると、呪術師は気を取

きな鉄の角がついている」（旅行記を残したエベルハルト・イスブラント・イデス、1725年）とあります。ゲオルギは1776年に、「彼らの中でも腕を磨いた者は、身震いしたりいろいろと顔をしかめたりしながら［中略］火の横で衣装をまとう。そして素朴な者たちに対して、今この瞬間に具体的に精霊が憑依し、その身体を突き動かしているのだと信じ込ませる」と記述しています。

　このような道具や衣装よりもさらに観察者の目を引いたのが、シャーマンのふるまいです。例えば、以下のような報告がなされています。

「パイプを吸い、蒸留酒を1滴飲んでさらに勢いをつける」（旅行家ジョン・ベル、1720年）

「飛び跳ねたり［中略］片足立ちしたりして、身に着けている金属類をゆする」（イデス、1725年）

「火のまわりや炎の上で何とも忌まわしく飛び跳ねたり、様々な身振りをしたり、叫びわめく。またうなりながら、わけのわからない音を立てて精霊の名を呼ぶ」

シベリア南部ブリヤート人の太鼓。
多色版画、マックス・バルテルス、1893年

シベリア極東のナナイ人の
精霊の受け皿となる媒体

トゥングースのシャーマンのかぶりもの。
1880年頃

り戻し、起き上がって託宣をする。トゥングース人たちによれば、託宣が外れることは決してない」（イデス、1725年）

当時のヨーロッパ人は、その理由を以下のように考えました。

「過去や未来、遠く離れた場所で起こっていることや、その場にいない者がしていることなどをシャーマンに教えるのは悪魔だからだ。また神官も、人間の幸運や不運を思いのままに操ったり、夢を解釈したり、予言したりする力を悪魔から授けられた」（ゲオルギ、1776年）「サマン（P35）とは予言者なのだ」（アヴァクーム、1672年）。

また、シャーマニズムに治療的側面があることは、以下の記述からも明らかです。

「ある人が病気になって、悪魔に魂を奪われたら、サハ（ヤクート）人のシャーマンは人間を守る神々に訴え、魂を盗んだ悪魔の名前を尋ねる。その後、直ちにその悪魔を見つけ出し、哀れな魂を返すと約束させる（なぜなら『しかるべく魂を返してもらわねば、身体は死んでしまうからだ』）。そのために彼は、動物の尾を手に取り［中略］、悪魔に見せるかのように［中略］、長い紐に括りつけ、病人のまわりで飛び跳ね、叫びながら、何度もその人を押さえつける」（グメリン、1767年）。

このほかにも、「気を失ったかのように仰向けに倒れ」（ブランド、1699年）たり、「狂ったようになり、死んだかのように倒れ」（旅行家リチャード・ジョンソン、1556年）たりすることもあるとも記されています。なぜならば「サハ人のシャーマンは［中略］、魂が肉体を離れ、遠い地域や非物質的な場へと連れていかれると称し、いわゆる魂の不在のために気を失ったふりをするからだ。魂は神の住まいや、山や森、奈落の底で神々に会い、彼らに質問したり、祈祷したりする。そして時には脅したり、約束を交わしたりしながら交渉する」（ゲオルギ、1776年）からだと説明されています。

Asie.

サハ人のシャーマンによる不思議な治癒儀礼。
版画、19世紀初頭

29

ロシア、バイカル湖のオリホン島にある
ブリヤート人の伝統的な聖なる柱

Traductions

語義の翻訳

ドイツの地理学者ゲオルギは、1770年から75年にかけてシベリアを旅し、以下のように記しています。

「トゥングース人やブリヤート人、その他の人々は、こうした神官をシャマン（シャーマン）と呼ぶ。この言葉は［中略］あらゆる興奮の達人を意味する。テレウト人は君主や予言者を意味する［中略］カム kamと呼び、ヤクート（サハ）人はオユン ayounsと呼び［中略］、サモエード（ネネツ）人は［中略］ターディベ tadybと呼ぶ」。

　ゲオルギは『ロシア帝国の全民族についての記述 *Description de toutes les nations de l'empire de Russie*』も著しており、様々な地域固有の呼称を使わずに、一括して「シャーマン」「シャーマニズム」という言葉を使ったはじめての人物だと考えられています。

　地域固有の呼称とは別に、中央アジアやアジア北部の多くの言語に共通して、語彙的変形を伴った女性シャーマンの呼称として「ウダガン udagan」という語もあります。ブリヤート人の歴史学者であり、シャーマニズムの専門家でもあったドルジ・バンザロフは、この呼称はモンゴルにおける大地の女神エトゥゲン Ätügänとつながりがあると考えました（1891年）。

シャーマンを指す「カム」という呼び名は、唐（618-907年）のキルギス人に関する記録の中でも用いられていました。これは中世テュルク語とモンゴル語に共通して使われていた呼称ですが、現在ではアルタイ（モンゴル西部の山脈）の一部地方にしか残っていません。中央アジアではバクシ bakshiという語に置き換わりました。これはマルコ・ポーロが言及した「バクシ」であり、彼のテキストの複数の版では共通して「占い師、魔法使い」と訳されています。この呼称は、カザフ人、キルギス人、ウイグル人、モンゴル人、満洲人に共通しており、カザフにおいては霊と直接の関係を結ぶ能力のある者を指します（パトリック・ガロンヌによるI. A. チェカニンスキーの引用から）。

　しかしバクシという語は、放浪者や托鉢僧、仏教の僧侶を意味するサンスクリット語のビクシュ bhikshu、（比丘）からきているという説に加えて、教養人や高僧（ラマ）、すなわち「（ある職に）精通している者」を意味する中国語の博士 po-shi（bó shì）からきているとする説もあります。モンゴルのシャーマンはボー böö と呼ばれ（伝統的モンゴル表記ではböge、böはブリヤート語）、弟子からはバクシ bagshと呼ばれる、とシャーマニズム研究者のレティシア・メルリは記しています。この呼称は「力士」を意味するブフ bökh（böke、ブリヤート語でブヘbüxe）や、「結ぶ」を意味するボーホ bookho（boghu）、キルギス語やエヴェンキ語のブエン buen（エヴェンキ語では死の意）の語と関係します。モンゴルでは力士たるブフは「シャーマンの末裔」でもあり、モンゴル語でボーロホ böölökhは「シャーマン儀礼を行う、シャーマンのように歌う」を意味します。

　同じくシベリアのニヴフ語の動詞ルブ lubは、「歌う、シャーマニズムを行う」を意味します。またアマゾン河流域の先住民シャラナフアのラビ rabiという語も「歌う、変容する（霊になる）」を意味します。こうした語は一つの意味領域を形成し、儀礼においてシャーマ

サハ人のシャーマンと治療儀礼。1805年

34

ヨーゼフ・ボイス《私はアメリカが好きで、アメリカは私が好きだ》1974年。社会の傷を癒す仲介者としてのシャーマンの行為を表現

ンが精霊となることを指しています。これらは、ルブルックの「その後、強く自分を縛りつけさせる。夜の闇に紛れて悪魔がやってくる」という言葉を想起させます。ボー bööの語は、おそらく「瘤」を意味するブフ/ブフン bökh/bökünとも関連があると思われます。瘤は精霊がこの世に存在していることの印でもあります。サハ（ヤクート）人の偉大なシャーマンは、翼の生えたウマや瘤つきのウマをつなぎ留めるための柱「オユーン・セルゲテ ojuun sêrgêtê」をたてると言われています。

「シャーマン」という呼称の由来や意味については、ヨーロッパの学問の歴史を通じて様々な仮説が立てられてきました。その一つにサンスクリット語の「苦行や修道で疲れた、困憊した」を意味する「śram」が、苦行者や托鉢僧、仏教僧らによってシュラマナ śramaṇa（沙門）という語に訳され、シャーマンになったという説があります。シャーマン研究を専門とするパトリック・ガロンヌの説によれば、現在の新疆ウイグル自治区で、西暦6世紀頃まで話されていたトカラ語のサマニ samani（同時代に現在のウズベキスタンで話されていたソグド語では šmnあるいは shaman）の呼称は、仏教の「僧侶」を意味するビクシュと同等であり、相当の知識人だったと考えられます。

シャーマンの語源はサンスクリット語であるとする説は、とりわけ20世紀前半においてロシアの人類学者セルゲイ・ミハイロヴィチ・シロコゴロフによって支持されました。シロコゴロフは、13世紀にモンゴル高原の特権階級の戦士たちが仏教を受け入れるずっと前から、放浪する僧侶（シュラマナ）がシャーマニズムへと連なる宗教的な表現体系と、精霊を支配する技法を広めていたのだと唱えました。

一方、シャーマンの語源はトゥングース語だとする説もあります。この説では、「知る」を意味する「ça-」という語がシャーマンという語に派生したと考えられました。多くの社会において「シャーマン」を指す語は「知る者」という意味を有することから、そもそも相当の知識を持った者であったと考えられます。しかしいずれの仮説も、現在では有効であるとはされていません。

バンザロフは、満洲語（モンゴル高原の東で話されている言語）のサマ samaあるいはサマン samanが語源であると主張しました。語幹「sam-」は「熱狂、興奮状態」を表し、「sam-dambi」は「私は踊る」を意味します。中国の徐夢莘（1124-1207年）が編んだ史書『三朝北盟會編』には、以下のように書かれています。「ウーシー（完顔希尹。中国、金の教養人で女真文字をつくったとされる）は抜け目なく、有能だった。彼は自ら女真（満洲）の法や文字を制定し、本当に王国をつくりあげた。同郷人は彼のことをチャンマン chan-manと呼んだ。女真の言葉では、これは魔女 wuyu（文字通りに訳せば wuの女性）を意味する」とあります。この文献を訳したポール・ペリオは、チャンマン chan-man（šan-man）とサマン šamanが同じであることに疑いの余地はないと主張しました（1913年）。

現代では、「シャーマン」の語源は、エヴェンキ語の動詞サマ sama-から派生した語だという説が広く受け入れられています。この動詞は、野生動物が「踊る、跳ねる、興奮する」さらには「臀部を揺らす」ことを意味します。また儀礼の文脈では「シャーマンとしてふるまう」ことを意味しています。後者は、一般的にシベリアのシャーマンが一時的に霊感を得た時のふるまいや状態のことを指しています。すなわちシャーマンは、主なる精霊—それは森の動物たちの守護霊であると同時に象徴でもあるのですが—と交渉するために動物の姿になるのです。動物への変身によってシャーマンは、複数の身体性を宿すようになりました。つまりシャーマンは、野性味あふれる仕草で飛び跳ね、最高潮の興奮状態で身振り手振りをする一方で、人々に対して、自分は精霊たちと直接コンタクトを取っているということを証明しようとするわけです（人類学者ロベルト・アマヨン）。

　しかしこのようなふるまいは、動物を演じるとかまねるということではありません。変身のプロセスを通じて、シャーマンは動物たちの集団に仲間入りをしているのです。事実、多くのシベリアの社会では、シャーマンたちの行動は野生動物のジェスチャーに基づいているとされており、そこにシャーマニズムと狩猟の緊密な関係を見て取ることができます。ただし精霊を伴うアンバ・サマン amba samanとピョフン・サマン pʼoɣun samanを区別する場合は別です。中国語で前者は「野生のシャーマン」を意味するイェ・サマン（野萨満）、後者は「家族のシャーマン」意味するジァ・サマン（家萨满）と呼ばれますが、シロコゴロフによれば、前者は精霊と同化した精霊の統御者なのです。

　儀礼が行われるのは夜です。シャーマンは祖先たちへの供犠を携えて、地下の世界に向かいます。シャーマンは補助霊の助けを受けますが、道すがら様々な困難に見舞われ、統御されていない霊や他のシャーマンから攻撃されます。その様子をシロコゴロフは以下のように描写しています。

「シャーマンは腰かけると、太鼓を叩きながら歌を歌う。そのあと立ち上がり、太鼓を助手に渡し、『トナカイ』の杖（儀礼のために特別につくられたものだが、そのあと廃棄される）を手に取った。［中略］各詩節で、助手やその場にいた者たちはそろって反復句を詠唱した。［中略］シャーマンは大きな椀に入ったウォッカを飲み［中略］、パイプを数回、吸った。そして歌い飛び跳ねた。一同の興奮が高まっていく。シャーマンは少しずつトランス状態に入っていった。トランス状態になったシャーマンは、敷物の上に倒れ、動かなくなった。太鼓のテンポが遅くなり歌がやむと、シャーマン（と彼が同化した精霊）は弱々しい声で儀礼の参加者の質問に答えるのだった。そして精霊が現れると、シャーマンはシサ sʼisa（鈴のついた帯）の音のリズムに合わせて震えた。そして飛び跳ねたかと思うと、突然助手に太鼓を渡し、絨毯の上に倒れ込んだ。助手は彼に質問をした。助手は対話を通じて、シャーマンが下の世界に行ったに違いないと理解するのである。シャーマンは自らの中に［中略］『オオカミ』の精霊を憑依させた。［中略］明かりが消されたが、彼は暗闇の中で動きつづけた。シャーマンは歌い、シサで音を立て、『オオカミのように』土を掻いたのだった」

トゥングースのシャーマン。シベリア、1883年頃

Chamanisme et chasse

シャーマニズムと狩猟

シャーマンがつくる道具や器具（あるいはシャーマンのためにつくられるもの）の中でも、動物は注目に値します。動物の表象は、その身体の一部が道具に取り入れられることもあれば、さりげなく動物の姿を想起させるようにつくられる場合もあります。例えば、木や羽根のかぶりものや、金属の装飾品、縁どりや羽根や動物をかたどった金属片のついた服、動物の飾りのついた杖、動物をかたどった彫刻や抜け殻、太鼓やばちなどです。彼らが語る霊的な旅では、半獣半人のハイブリッドなキャラクターや、人間でありながら同時に動物でもある変幻自在な存在も現れます。つまりシャーマニズムが捕食の観念、

ジャクソン・ポロック《ザ・ディープ》部分、油彩、1953年

正確に言えば、狩猟経済と深く結びついていることは明白な事実なのです。

　スピリチュアリティも例外ではなく、「トーテム動物」や「パワー・アニマル」は、タカ、イルカ、ジャガー、オオカミ、クマなどといった主要な捕食動物に由来する場合がほとんどです。シャーマニックな社会においては、狩猟という生業は有効です。それどころか、過度に高い価値が付与される場合もあります。例えば、食物が主に採集・栽培植物で賄われる場合がそれです。また家畜が主要な食糧源である場合は、狩猟は観念的なものにすぎないでしょう。いずれにせよ狩猟は、生産様式であると同時に動物との特殊な関係の様式でもあるのです。また複雑化した人間社会が自然環境と関係を維持していく上で、狩猟は想像と表象の領域において支配的なものとなります。

ハカス人の「トス」という
小さなカッコウの偶像。
家に吊り下げ家族の
健康と繁栄を守る。
シベリア南部、19世紀末

　この論理にしたがって、狩猟という生業とシャーマニズムの結びつきを、原初のシャーマニズムの特徴であるとする研究者もいます。あるいは、旧石器時代後期の主に動物をモチーフとした壁画芸術や調度類をシャーマンの概念で説明しようとする流れもあります。しかしこうした解釈は激しい論争を呼んでいます。

　以上のような理論的枠組みに依拠すると、シャーマニズムとは、獲物となる動物種との交換関係を確立することなのです。この交換関係とは、人間関係をモデルにして想像されたものです。正確に言えば、徒歩あるいはカヤックに乗った狩猟者が、ある動物種との関係を持つためには、シャーマンが同盟関係を結ぶ必要があります。例えばシベリアや北極圏の社会では、シャーマンはメスの動物霊や、このメスの動物霊を統べる森の主（ぬし）や、主である精霊の娘と婚姻関係を結びます。狩猟とは、男がオスの動物を狩るという、ほぼ男/オスに限定された領域だからです。言い換えるならば、人類学者ロベルト・アマヨンが提唱し、ベルナール・サラダン・ダングリュールもつづいて論じたように、シャーマンはイニシエーションにおいて、主要な経済的資源である動物たちの霊を統べる主の夫あるいは婿になるのです。この観点に立てば、動物霊との婚姻による同盟関係こそがシャーマニズムの基盤となっていると言えるでしょう。

　例えば、精霊による誘惑や太鼓との一体化、儀礼の持つエロティックな側面などがそれです。シャーマンはこのような立ち位置を取ることで、獲物を獲得できるのです。そこでは、動物は殺されたのではなく、獲得されたのだとされます。獲物となった動物は、猟師にその身をゆだねます。猟師はその肉のみを手に入れると、動物が再生できるようにしかるべき方法で骨を扱います。つまりシャーマンは"妻"のおかげで狩猟者ではなく夫として、あるいは危険な態度を伴う誘拐者として、霊的な旅の中で獲物を獲る約束を交わすのです。精霊の食べ物である人間の生命力と引き換えに。シャーマンたちの技法はすべて、獲物を得ることに対するお返し（つまり人間の死）の時を先延ばしにすることにあります。つまり彼らの仕事は、非人間（特に動物たち）と人間という異なる種同士の生命の循環を調整することにあるのです。

Nord Asien.

Physiognomie
der Samojeden.

Samojeden.   Samojeden.

Samojeden.   Ein Schaman.

シベリア、サモエード人の衣装。上と左下が狩猟者で右下がシャーマン。
多色リトグラフ、フリードリヒ・ヴィルヘルム・ゲートシュ、1835-40年

Europe
SEPTENTRIONALE

ヨーロッパ北部

ラップランドのサーミ人のシャーマン。版画、ドイツ派、19世紀

ヨーロッパ南部の人々は、北欧のトナカイ遊牧民サーミの人々の間に「ノアイデの取り引き noaidevuohta」と呼ばれるシャーマニックな実践があることを発見しました。そしてそこに、シベリアやアメリカの先住民社会と似た物語があることに気づきました。例えば、『ノルウェー史』（13世紀）には、病む女性の盗まれた霊魂を探しにいくシャーマンについて書かれています。ガンド、つまりノアイデと呼ばれるシャーマンの霊が、目的を達成するために、自らの動物分身であるガンドゥスに変身するというのです。

「ある時、商用で旅行中の数人のキリスト教徒が、サーミ人と同席した。彼らがすわっていると、店の女主人が突然倒れ、死んでしまった。サーミ人は［中略］（動揺するキリスト教徒に向かって）、女は死んでいるのではなく、敵のガンドに魂を連れ去られたのだ、だからすぐに見つけようと言った。すると一人の魔術師が布を広げて、その下で邪悪な魔術の呪文を唱えはじめた。そして手を伸ばしてふるいのようなものを持ち上げた。ふるいの枠には装具や小さなスキーをつけたクジラやトナカイ、そして小さなボートとオールの図像が描かれていた。邪悪なガンドゥスはこうした乗り物に乗って、雪の上や山の斜面、そして湖の底を移動する。彼は自らの道具に呪術的な力を吹き込むために長い間踊っていたが、ついに倒れ込んだ。そして彼はまるでエチオピア人のように黒くなり、狂人のように口から泡を吹いた。最後には腹が破裂し、断末魔の叫びを上げた。こうして魔術師による魂の連れ戻しは失敗におわった。（別のシャーマンが）彼らに語ったところによれば、魔術師は次のような次第で命を落としたのだという。クジ

ラの姿をした彼のガンドゥスは、全速力で湖に飛び込んだが、不幸にも鋭い杭の形をした敵のガンドゥスと鉢合わせし、腹を刺されたのだった」（『ノルウェー史』より）

また以下のような報告もあります。

「魔法使いや奇術師は［中略］見事に［中略］男たちの目の前で霧を噴き［中略］、自分たちや他のものたちを様々な形に変えた。［中略］彼らは、こうした奇術によって、ずいぶん遠くに離れている友人や敵の様子を知りえた」（宗教家・地理学者 オラウス・マグヌス、1555年）
「魔術師は太鼓を叩きはじめた。そのうち床に倒れ、死んだように動かなくなった。［中略］彼はまわりの者たちに、時間が経ったら歌うようにと言い渡して、1時間横になったままだった。彼らが歌い出すと、その「死人」は起き上がった。そして太鼓を持って、耳元で太鼓を叩いた。そしてやさしく断続的に叩きつづけた。［中略］それから彼は自分がどこから戻ってきたか、語りはじめた。彼は地下に行っていたが、地下には私たちとは逆さまの向きに歩く人々が住んでいるのだと語った」（サーミ人を祖先に持つ著述家ニコラウス・ルンディウス、1675年）
「彼らは様々な病気を人間にもたらすほど強い力を持っている。と言うのも、彼らは指ほどの短さの魔法の鉛弾をつくることができるからだ。彼らは復讐をする時、鉛弾を仇（かたき）のいる遠いところに放つ。呪われた相手は3日後に、足や腕のガンで死ぬのだ」（マグヌス、1555年）

新参のシャーマンについては以下のような描写が残っています。

「はじめて魔法使いの霊（スポドムサン spådomsandaという予言霊）を受け入れた時、彼は6か月の間、憑かれたような状態になり、一人で森や空き地をさまよい、夢を見る。そしてほんの少ししか食べものを口にしない」（ルンディウス、1675年）

「神々は、若い魔法使い志願者たちの前に定期的に現れた。それは、人の姿をした精霊サイヴォ・ガゼ sai-vo-gadseの形で現れることもあれば、夢に出てくることもあった。精霊サイヴォは、彼らに教えを授け、別のサイヴォのもとに連れていくこともあった（すなわち、サイヴォあるいは精霊の姿に変えることを意味する）。（その後）複数のノアイデが集まって話し合う。最年長者は志願者たちと、全員の足が隣り合うように家の外にすわる。ある若者が、太鼓を叩きながらヨイク（ノアイデの歌を歌うこと）をはじめた。彼らのサイヴォあるいはノーイデ・ガゼ nåide-gadseが加わり、彼らの足の上を歩けば［中略］、志願者はすぐにノアイデになれる。そしてその瞬間から、すべての人からノアイデと認められるのだ」（歴史家エリク・ヨハン・イェッセン、1767年）

最後に、劇作家ジャン＝フランソワ・ルニャールの『ラップランド旅行記 Le Voyage en Laponie』（1681年）を引用して、この章を締めくくりましょう。

「我々は彼に、もし悪魔とやらを我々のうち誰かの家に送ることができたら、魔術師を信じようと言った。［中略］ずいぶんと長い旅なので、景気づけに蒸留酒を3、4杯飲まなくてはならない。また親しい精霊を呼ぶには最強の呪文を使わねばならない。そして旅行を成し遂げて素早く帰還するよう、その精霊を説得する必要もあった。彼は目玉をくるくるまわすと、顔色が変わった。そして髭が激しく逆立った。彼は太鼓が割れるかと思われるほど、力強く太鼓を打ちつづけた。そして最後には顔から倒れてしまった。身体は棒のように硬直している。［中略］魔術師が年を取り、歯が抜けはじめると、悪魔は彼のもとを離れはじめるのだという。この特異な現象に私は驚いた。よくよく聞いてみたところ、この話が本当であること、いかに優れた魔術師でも、歯が抜けるにつれて魔力を失うことを知った。優れた魔術師は歯で悪魔を引き留めておかねばならず、それ以外に方法はないのだ、と私は結論するに至った」

骨でできた小槌で太鼓を叩くサーミ人のシャーマン。
ガビネット・アルモニコ、フィリッポ・ボナーニ、1723年

LXXXII   *Tamburro Lapponico*

Les AMÉRIQUES

アメリカ

49

ケツァルコアトルの神殿のトルテカ戦士の石像。メキシコ、トゥーラ

　ヨーロッパ人によるアメリカの植民地化に伴い、年代記や旅行記にある種の人々が登場するようになります。こうした人々は、19世紀初頭にヨーロッパ人が遭遇したサーミ人やシベリアのシャーマン、イヌイットのアンガコックと同じく、「熱狂状態に入り」「悪魔と交信」し、周囲の尊敬を集めていました。18世紀の探検家ジョン・レッドヤードは、「アメリカの先住民同様、アジアのすべてのタタール人はある神学を共有している。つまり、唯一の偉大な神がいて、非常に寛大なので、人々は何らかの願い事をする必要さえない。［中略］だが［中略］、もう一人別の人物がいる。それは悪の根源だ。［中略］人々がこうむる悪の多さからして、悪の根源はよほど強力と見える。人々はこの堕落した神に供犠を捧げ、何の好意も期待せず、願い事をすることもない。ただし神の怒りに対して不満を表明する。したがって彼らのシャーマンあるいは祭司は、正しき神とは一切関わりがない。彼らはもう片方の存在のみに関わっている。その神はシャーマンが様々な人格に分裂できるようにし、害悪一つ一つに対して精霊の統御者を割り当てる。こうしてシャーマンは、途方もなく様々な計略をめぐらすことができるのだ」と記していますが、これは非常に鋭い洞察です。

　ここで部分的に紹介する記述の中には、シャーマニズムの実践についての非常に優れた叙述があります。しかも現代のシャーマンのふるまいとかなり共通しています。当時、シャーマニズムの実践者に遭遇した人々は、彼らを指すのに様々な語を用いました。シャーマニズムの実践者たちが観察者の言語を話すか否かによって、予言者、占星術師、祭司、悪魔のしもべ、魔術師、医師、物神崇拝者、奇術師などと定義を使い分けたのです。それは彼らの価値判断や実践者の機能を示すための言葉の使い方でした。こうした用語は、現地の言語に浸透し、広範囲に伝播しました。

En Amérique du Sud

南アメリカ

リブ海のアンティル諸島やブラジルのシャーマンに関する記録を見てみましょう。

「ピヤイ piayeになりたいと願う者は［中略］、試練を受けねばならない。まず断食をすると［中略］、やつれ、骨だけとなり［中略］、力が奪われる。［中略］長い断食後、古参のピヤイたちが集まり、家に閉じこもって、新参者に悪魔の呼び寄せ方や悪魔への伺いの立て方を教える。［中略］新参者はずいぶんと踊らされるが、断食のせいで弱っているので、疲れきって恍惚となり、気を失って倒れる」（年代記編者アントワーヌ・ビエ、1664年）

「古参者たちによれば、この者の魂は天へ行き、ゼメーン神 zemeenと話しているそうだ」（カリブ地域についての記録を残したラ・ボルド、修道士ルイ・エヌパンによる引用、1704年）

「これを呼び戻すには、大きな黒アリを帯や首輪のように巻いて、痛い思いをさせる。口をこじ開けて、［中略］タバコから抽出した容器1杯分の汁を注ぐ。この奇妙な薬を飲むと、天界にも下界にも行く」（ビエ、1664年）

「彼は何度も太陽のもとに連れていかれるが、まぶしい光線に目がくらむこともない。そこでボイアイコ

boiaikoは人の住んでいない美しい土地を目にした」（ドミニコ会士ジャン＝バティスト・デュ・テルトル、1654年）

「アグーティ（ネズミの一種）の歯で肌を引っかき、身体中から血を流させて呼び戻すこともある」「ペトゥン（タバコ）を吸う」（ラ・ボルド、1704年）

「彼らが『タバコ』と呼ぶ煙が出て、意識を低下させる」（歴史家ゴンサーロ・フェルナンデス・デ・オビエド・イ・ヴァルデス、1535年）

「彼らはある粉末を摂取してけがれを取り除く［中略］。これはコホバ（ヨポ、マメ科、学名 *Anadenanthera peregrina*）と呼ばれ、鼻から吸うと、酩酊して前後不覚になる」（修道士ラモン・パネ、1498年）

「（その後）彼らはシェミーンを行う［中略］。すなわち、呪術師や呪医であるピヤイやボイエ boyéを通じて、悪魔に伺いを立てる」（ラ・ボルド、1704年）

「彼らはテントのようなものを立てて［中略］、小石の入ったカラバシュ（打楽器）で音を立てながら何周かして［中略］、手には鈴やベルを持ち、大きな音を出す」（ビエ、1664年）

「乾燥したペトゥンの葉を3、4枚取って、手で粉々にし、空に向かって吹く。するとマボヤ maboyaという名の悪

ノアナマ人のシャーマン。
コロンビア、サン・フアン川、1960-61年

魔が、あたかも小屋の中央に落ちてくるかのように上からやってくる」(デュ・テルトル、1654年)

「(同時に彼らは)口笛を吹く。彼ら曰く、笛のような音を出す」(探検家アンドレ・トゥヴェ、1558年)

「するとブヒティ buhiti という悪魔が、あたかも下僕の中に入るかのように彼の身体の中に入り、中から話をしているのだと、彼らは考えていた。古代の占星術師のように、いつ雨が降るか、その他、自然に関わることを語る」(デ・オビエド・イ・ヴァルデス、1535年)

「人々は彼に、なぜこの病気をもたらしたのかと聞く。[中略]彼は操り人形を操る道化師のように、はっきりとした声で答える」(ビエ、1664年)

「あたかも遠くからきた者のごとく」(ラ・ボルド、1704年)

　シャーマンによる治療については、以下のように記されています。

「シャーマンであるボイエと彼に憑依した悪魔マボヤは病人に近づき、手を触れ、押し、何回か患部を触り、上から息を吹きかけつづける。数度引っ張ったり、指のように長いヤシのとげや小骨、ヘビの牙、木の破片を引き抜く動作をしたりして、これこそが痛みの原因だと病人に言い聞かせる。患部を吸ったあと、すぐに小屋を出て吐き出すことも珍しくない。彼ら曰く、これは毒の液である」(デュ・テルトル、1654年)

「これら理髪師(シャーマン)は杖(タバコの煙)を吹きかけ、霊とその美徳を受け入れるよう説き伏せ、できる限り口で患部を取り除いてから[中略]、ピストルのような音を立てて閉じ込められていた空気を一気に外に放ち、力いっぱい吐き捨てる」(歴史家イヴ・デヴルー、1615年)

「パジェと呼ばれるシャーマンは、[中略]手の中のものを彼らに見せる[中略]。たいていの場合、病人は思い込みによって、あるいは迷信や悪魔の業によって治る」(歴史家クロード・ダブヴィル、1614年)

「病気を祓うと称して、空気を吹きかける」(ビエ、1664年)

「特筆すべきは、彼は、熱も、矢などによるけがも治さないことだ」(ラ・ボルド、1704年)

54

カリブ語族の
マキリタレ人のマラカス。
ベネズエラ、20世紀

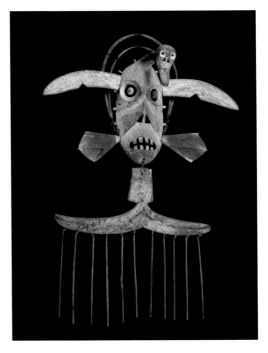

アラスカ、ユピック人の仮面。白鳥の精霊を表しており、シャーマンが春に鳥を出現させる時に、補助霊として手助けする。クジラの尾や女性の唇飾りでできたアクセサリーが吊り下げられ、踊ると音を立てて補助霊を呼ぶ。19世紀末

アルフレッド・メトロー『トゥピ・グアラニ人の物質文明 *La civilisation matérielle des tribus Tupi-Guarani,*
Paris : P. Geuthner, 1928』より、羽根のケープをまとい、マラカスを持ったトゥピナンバ人

Amérique du Nord

北アメリカ

北アメリカのシャーマンについて以下のような記録があります。

「少しでも戦争が勃発する兆候があるや、（ミクマク人は）奇術師に頼り［中略］、その時のために備える」（ディエール、1708年）

「マニトゥ、すなわち悪魔と話すと称する老人たちに頼る」（探検家ニコラ・ドニ、1672年）

「（ヒューロン・ウェンダットは）女性のようなかっこうをした者」や「彼らのために曲芸をする未開人の老女に頼る」（宣教師ジョゼフ＝フランソワ・ラフィト、1724年）

こうしたシャーマンたちは、「いわゆる情け深い精霊とだけ交信するそうだ。彼らは独自の方法で、遥か遠くの地域で起こっていることに通じている、遠い未来の出来事を言い当てられる、理解不能の病気の原因や性質を知ることができるなどと大口を叩いている」（シャルルヴォワ、1744年）とか「（厄災を）回避できる、遠ざけられる、適切な特効薬を用いることができる（と言う）。［中略］（彼らは）狩りや釣りでどうしたら成果を上げられるか、ちょっとした盗みや運命や呪文を用いて、物事の方向をどのように変えるかを説明する」（ラフィト、1724年）と言われていました。「奇術を生業とする者たちは、極端な断食をし、その間ひたすら太鼓を叩いたり、叫んだり、うなったり、歌ったり、喫煙したりする。そうしてはじめて、霊との一種の契約を仲介して、民から尊敬されるような性格を帯びることになる」（シャルルヴォワ、1744年）、さらに「これは魔術に他ならない。と言うのも、悪魔と話すことと魔術は同じだからだ」（ディエール、1708年）とも記されています。

オグララ（ラコタ）人の呪医、スロー・ブル。
エドワード・S. カーティス、1907年

戦闘前にシャーマンに伺いを立てるフロリダの一部族の首長。銅版画、ジョン・ハミルトン・ムーア、18世紀末

1585年の
ヴァージニア旅行記をもとにした
『アドミランダ・ナラティオ
Admiranda Narratio...,』より、
ヴァージニア州の呪術師。
多色版画、テオドール・ド・ブリー

ナバホの治癒儀礼。病人は砂絵の上にすわっている。横には仮面をかぶった踊り手（イェイあるいは霊）がいる。
写真、シメオン・シュウェンバーガー、1906年

　シャーマンが憑依儀礼をするために、彼らは小屋をたてます。

「そのスエリーと呼ばれる小屋は、上から日光が差し込むようなつくりとなっている。あたかも儀礼のために精霊が入ってこられるかのようになっている。（中では、魔術師が）精霊を召喚するために、カメの形のマラカスを振り、歌いはじめる」（ラフィト、1724年）
「突然激しい風が吹いて、霊が現れたことが知らされ

た。または地中から轟きが聞こえたり、炉の炎が揺れたり震えたりすることもある」（シャルルヴォワ、1744年）
「奇妙な音がすることもある。それは、大きな鳥が家の中で飛んでいる時のような音に非常に似ている。グリーンランドのアンガコック（シャーマン）は霊に質問する。霊が答える時の声は、私の耳には極めて奇妙に聞こえるが、アンガコックがすわっている入口通路から聞こえてくるように感じられる」（探検家ヴィルヘルム・アウグスト・グラー、1837年）

北米大陸の南部に行くと、以下のような記録が残っ
ています。

「奇術師はこうした熱狂状態になっていく。神がかっ
た熱情の症状に至るのである。興奮状態が頂点に達
すると、病人の状態や必要な特効薬について語る。
[中略]しばしば彼は、その身体から[中略]小さな骨、
髪の毛、鉄片、銅片などを取り出す。こうしたものを
口に入れてから病人にかみつき、再び器用に取り出
す。[中略]病人を徹底的に嘔吐させるために吐剤を
渡すことがあるが、これは血の塊や黒い膿のようなも
のを吐かせるためだ。と言うのも、病人の命を奪おう
とするオクトンと呼ばれる精霊は、この血の塊や黒い
膿の中にいるのである」(ラフィト、1724年)。あるいは
「実際のところ、病人は妄想の力で治癒する」(ドニ、
1672年)といった記録もあります。

薬の調合。版画、ロバート・ヒンシェルウッド、1855年

呪医。G. P. マンリー、1850年

水牛の頭部の供物、マンダン(スー語族)人。
旧ダコタ準州のミズーリ川、エドワード・S. カーティス、1908年

Traductions

翻訳の問題

南アメリカのギアナの先住民たちのシャーマン、「ボイエ boyé」の語源を明らかにすることは容易ではありません。カリブ海に浮かぶ大アンティル諸島の先住民言語タイノ語のベヒク behique、ブオヒティ bu/ohiti/eの変化形かもしれません。あるいはより南、南アメリカに分布するトゥピ=グアラニ語のピアヤ piayeからの借用語か、マボヤ maboyaが短縮された言葉とも考えられます。小アンティル諸島のカリブ社会のマボヤ maboyaは個人の精霊たちの一群を指し、タイノ族のゼミに相当するゼメーン ch/zemeenや、その媒体である木、石、テラコッタ、コーパル樹脂、木綿でできた小像とは区別されます。精霊としてのマボヤがシャーマンとしてのマボヤと同音異義語なのは、偶然ではないでしょう。と言うの

先住民ツィムシアンのシャーマン。
カナダ、ブリティッシュコロンビア州のスキーナ川、20世紀初頭

もシャーマンのふるまいは、精霊への変容そのものだからです。

　古フランス語ではboyé（ボイエ）とは「小さな舟、牛飼い、監獄の刑執行者、鞭打ち人（本人も囚人）」を指し、ラテン語の「監獄の刑執行人」を意味するboja（ボヤ）からきていると考えられます。この語は文字通りに訳せば、「奉仕する者、軍曹」を意味します（語源はラテン語のセルヴィエンテム「奉仕する者」）。興味深いことに、現代のアンデス高地社会の踊り手たちは、スペイン語で「サルヘント（軍曹）」と呼ばれています。踊り手たちは若い男の子で、謝肉祭の期間、鳥のようなかっこうをし、縄やイラクサの束でお互いの足を刺し合います。また彼らは守護聖山の斜面を縦横して、共同体の境界を守ります。アンデス高地のシャーマンも、「若い男」を意味するwayna（ワイナ）から派生したワイニルwaynilluと呼ばれており、「山々の主（非物質的な化身）に奉仕する者」であると考えられています。山々の主は、ケチュア語ではアプー apu、ワマニ wamani、タイタ・ウルク tayta urquなどと呼ばれます。

　パジェ Pagèには、パギ pagy、パジェス pajes、ピヤイ piayeなど、多くの語彙上の変種があります。パジェは、トゥピ語のパイエ pa'yeから派生した媒介語です。グアラニ語ではpa'iやpiai（いずれもパイ）とも綴られます。カリブ海の人々やブラジルのトゥピナンバ人（現代のトゥピ語を話す人々の祖先）の間でも使われていました。民族学者のアルフレッド・メトローによると、「司祭、シャーマン、魔術師」といった意味の他に、「魔術、呪術」や「超自然の媒介者」をも指しているとのことです。これらの呼称は、様々な言語の中に見ることができます。例えば、フランス領ギアナのテコ人の間では、padze（パジェ）と書かれますが、一般的に「見る者」のことだと説明されています。またギアナのアカワイオの人々の間では、piyai'san（ピヤイサン）と表記されますが、「精霊である人」のことを意味します。またピヤイマpiyai'maは「精霊の森」を、ピアイタ・カワイ piait'a kawaiは「野生のタバコ」を指します。つまり文字通り「山の精霊に属す者」を意味しています。

　またアカワイオの人々についての研究を進めるオードリー・バットは、以下のように記述しています。

「カラワリ kalawaliとカサマラワ kasamarawaは、二つとも懸け橋となるような精霊である。［中略］カサマラワは樹皮の霊で［中略］、シャーマン『ピアイ piai』の精霊に対して、身体から出て鳥のように飛び去るように説得する。それと同時にカサマラワは、イマワリ imawali（森の霊）に対して、シャーマンの肉体を占拠する（憑依する）ことを許可するのである。［中略］。一方、カラワリは梯子（はしご）の精霊である。彼は、天空と地上をつなぐ霊的なリンクとして、他の精霊が天に昇ったり地に下りたりできるようにすると考えられている。あるシャーマンの歌は、水がタバコの液体の上に注がれると、梯子（カラワリ）が天空から現れ、シャーマンのすわる長椅子にやってくることや、森の精霊イマワリが、どのようにこの道を通って地上に降りてきたかを語っている」。

64

北米先住民トリンギットのシャーマンの首輪。
骨でできたペンダントは守護精霊の支えがあることを意味している。アラスカ、1890年

ラバヌス・マウルス・マグネンティウス『宇宙について *De Universo*』より、
中世の魔術師や音楽家。写本細密画、780-856年

　12世紀のフランス北部では、魔術師（ジョングルール）と言えば、巡業音楽家のことでした。こんな記録が残っています。「（ジョングルールは）機知にあふれ、話術に優れている。またハーディ・ガーディ（弦楽器の一種）や作曲にも長け、旅や散策の合間に主人を楽しませるすべを知っている」（エドモン・ファラル『聖ルイ時代の日常生活 *La Vie quotidienne au temps de Saint Louis*』）。彼らは、同時に曲芸師、軽業師とも呼ばれていました。ところが18世紀の『百科全書』には、魔術師について、「ジョングルールは、アメリカの未開の諸民族の間では、極めて評判の高い魔法使いであり、医術も心得ている」と書かれています。また17世紀の記録では、「魔術師は人や物を操るのに長け、奇術を用いた」と記されています。

　さらに19世紀になると「魔術師は、偽りの外見で、人を威圧しようとする（マリー＝ジョゼフ・シェニエ『ニノン *Ninon*』19世紀初頭）」とまで書かれるようになりました。「ジョングルール（jongleur）」はラテン語のjoculator（「冗談好き、からかい好き、おどけ者」）、joculariは「冗談を言う」という言葉が語源でした。それが転じて古フランス語のjuglereやjogler（「手玉に取る、冗談を言う」が派生）と、jangler（「おしゃべり、ほら吹き、誹謗家、術策をめぐらす」）から派生したjangleor、janglëurという言葉の名詞形が混じり合ってできた単語です。ドイツ南西部アレマニア語にも類似した語があり、例えば「うめく、嘆く、泣きわめく」を意味するjankenや、「ささやく、うなる、猫のように鳴く」を意味するjangelenといった単語は、シャーマンのふるまいを想起させます。

TOUR *du* MONDE

霊的な世界の旅

元シャーマンの画家パブロ・アマリンゴ《カプキリ》部分、1988 年
「一番左の木はプカ・ルブナで、［中略］偉大なる呪術師はこの木の中の異次元に生きている。［中略］
後ろにはカプキリに関係のある町、塔、モニュメント、公園がある。左の小屋では、
様々な部族の偉大なシャーマンがカプキリになるために精神を高めている」

理論上、シャーマニズムは、首長を持たず口伝えの伝統を持ち、平等主義的な狩猟経済に分類される小規模な社会において見られます。こうした小規模社会は文化が変容していく中で、やがてチンギス・ハーンの帝国（13世紀）やインカ帝国（15世紀）のような社会の集積化や大型化へと進んでいきます。その結果、人間と自然との相互のつながりは解体され、人間社会にヒエラルキーが生み出されたのです。そしてシャーマンたちは、専門職となっていきました。こうして彼らは、国家の予言者やアドバイザー、制度化された宗教の祭司となったのです。この制度化された宗教は、世界を構成するすべての要素を分解し、類比による濃密な意味のネットワークを再構成することで、世界を再認識する方法に基づいています。この類比による意味のネットワークは、世界を理解しやすいものにつくりかえていきます。

ただしこの方法が、仏教やイスラームなど、支配的な宗教の周縁にある場合は別です。また近年の韓国のように、技術と資本主義が混じり合う社会で、シャーマニズムが存在していることからもわかるように、シャーマニズムは、適応力が非常に高く柔軟性に富んでいることが証明されています。

初期の研究では「シャーマン」という語の使用は、シベリアに限定されていました。この地域のシャーマンは、多少の差はあれ、ほぼ同じ道具や衣装を用います。かぶりものに、長い布切れと鉄の飾りが前後に吊り下げられた長衣と、たくさんの図柄が描かれた皮の太鼓といった具合です。

人類学者の中には、シャーマンが属するもともとの文化圏以外で「シャーマン」という呼称を使うことを批判したり、反論したりする人がいます。彼らが批判するのは、多くの他の地域では、そのふるまいを文化的に規定するものの中に、エヴェンキ人やサハ人の文化的な特徴やモデルと同じものが観察されていない、ということです。しかし民族学の研究が進む中で、シャーマンという呼称は、徐々にその他の地域の人々に対しても適用されるようになりました。例えば、ヨーロッパの北極圏やグリーンランド、ハンガリー、そして中央アジア（カザフスタン、ヒンドゥークシュ山脈、カラコルム山脈）やヒマラヤ東部（ネパール、チベット）、極東（モンゴル、中国、日本北部、朝鮮半島）、東南アジア、オーストラリアや南北アメリカにまで適用されました。さらにアフリカですら、シャーマンという専門用語が適用されるようになりました。

例えば、アフリカ中央部のニジェール川大湾曲部やマリで暮らすソンガイ人のギンバラ信仰が挙げられます。ギンバラ信仰では、イニシエーションの儀式を受ける者はシャーマンのようにふるまいます。つまり彼は霊となって旅をし、川の水面下にある精霊のすみかに行くのです。

またマリのミニアンカの人々のニヤ信仰では、イニシエーションを受ける者は霊的な世界で魔女と戦い、盗まれた霊魂を取り戻します。これらは、シベリアやアマゾン河流域のシャーマンに見られる典型的な言動と同じものです。

仮にシャーマニックな現象が文化圏に関係なく現れるのならば、人類学者エリック・ナヴェが言う「こうした現象に共通のあり方、考え方、ふるまい方はあるのか」という問いがわき起こってきます。おそらくシャーマニズムは、歴史の過ちによってかろうじて断片が各地に残っているにすぎないのかもしれません。しかし近年、シャーマニズムは復興し、地域で再評価がなされているのです。

モンゴルのシャーマンと太鼓

Chamanisme et économie agricole ou pastorale

シャーマニズムと農耕・牧畜

農耕や牧畜を経済的基盤にする社会において、財産や所有権の概念には非常に大きな揺れ幅があります。つまり具体的な財産と観念的な財産という違いがあるのです。具体的な財産/所有とは、霊との関係がもはや友好関係でもなければ、交渉したり、対立したりする関係ではない場合、つまり祖先霊との血縁的な関係の中で生じます。人生の幸福を左右する家畜や牧草地、畑を、婚姻によるパートナーや姻戚からではなく祖先から引き継ぐ時、牧畜民・農耕民にとって、死者（祖先霊）が人生の中で重要な位置を占めることになります。彼らは、祖先の霊に対して供物を供え、祈りを捧げます。

一方、観念的な財産/所有もあります。それはアンデス高地やヒンドゥークシュ山脈などのような複雑な社会において、山というものが人間の存在条件を決定づけるような場合に生じます。つまり山というものが、畑や灌漑用の水、牧草地や家畜、そしてそれらを破壊する雹も含めたあらゆるものを所有していると考えられている場合です。こうした場合、人と精霊の同盟関係は卓越したものとなります。すなわち山の主のような非人間が、意識や非物質的な原理と我々の社会を結びつけることで、財産/所有権を付与されると、それは観念的なものとなると言えます。

ここで言う意識とは、主体性や再帰性、外部世界への意識の動き、象徴を操作する能力や夢を見る能力といったもののことです。また非物質的な原理とは、呼吸や生体エネルギーが生命力を生み出すとする考えを指します。そして親族関係や社会的紐帯、社会的アイデンティティが、血縁関係や身体性に基づくアイデンティティによって制限されない場合、所有権は、山の精霊が牧草地や家畜の持ち主であるといった観念的なものになるのです。

アンデス高地では、動物がたっぷり栄養を取って家畜が繁殖するよう、羊飼いはコカをかむ仕草をする。コカは、アプーと呼ばれる山の精霊に向けられたパク（シャーマン）の言葉を媒介するもの。ペルー、チャウアイティレ、2014年

これら牧畜・農耕社会における語りや儀礼は人間に対して発せられるものなので、あらゆる儀礼の実践は、狩猟社会の儀礼と同様に、人間同士の対話や、人を思考や行動へと向かわせる対話に似ています（文化人類学者マーシャル・サーリンズ）。これらの社会におけるシャーマンの技法とは、人間が生存していくため、そして人間に利益をもたらすために、豊穣を取り込むことと、厄災を人間社会からそらすことに向けられます。

　例えば山岳地帯の脆弱な生態系において、そのバランスが保たれるようにシャーマンは、循環する生命の力を調整するのです。しかし勘違いは禁物です。シャーマニックな社会では、すべての成人が、捕食儀礼や通過儀礼（誕生、思春期、婚姻、葬送）や農耕・牧畜儀礼（種蒔き、収穫、家畜の種つけなど）を行う力を持っています。また多くの病いが家庭療法の範疇で対処されます。このような社会では、すべての成人が定められた条件の中で、自分自身や近親者のために予防や治療の一環として、シャーマン同様にふるまい、非人間と関わり合う力を持っています。アマゾン河流域のアワフン社会のように、皆がある程度、シャーマンの知識を得ることができる場合もあります。そこでは、シャーマンの実践に必要な技能と、大人は皆、身につけるべきだとされるシャーマニックな技能との間に大した違いはありません。アマゾン河流域のマチゲンガ人について人類学者エステバン・アリアスも記して

いるように、彼らは必ずしも上手く変身したり、「秀でた」超自然的存在になったりしなくても、誰もが陶酔状態に入ることができるのです。

　シャーマンたちは社会から、単に人よりも高い才能があると認められているにすぎません。彼らが認められるのは、遺伝的かつ肉体的な特徴を持っていたり、試練を越え変身のイニシエーションの経験があることや、夢見をしたりトランス状態に入ったりする能力などを持っているからです。この夢見やトランスとは、幻視による出逢いを繰り返すことで、普段ははっきりしない異界の存在を強く感じられるような体験です。つまりシャーマンの才能とは、別の何者かになる才能なのです。北極圏で暮らすユカギール人の場合、シャーマンの衣装は、身体が別のものに変身することを視覚的に表現しています。これはサハやエヴェンキのものを模倣した最近の現象です。一方、人類学者のシャルル・ステパノフは、専業化したシャーマンは、儀礼用の太鼓の唯一の正統な所有者として立ち現れると指摘しています。これに対して、かつてのチュクチやコリヤーク社会の場合、家庭ごとに太鼓が備え置かれていました。実際、そこではシャーマンの地位は、かなり例外的なものでした。と言うのも多くの点において、シャーマンの地位は、神話が語る原初的な社会的不平等に基づくものであるからです。

チウイアイあるいはルネスユの日と呼ばれるアンデス山脈の
生命力を捕まえる儀礼。謝肉祭の時期に行われる。
ペルー、チャウアイティレ、2017年

何かに変身するという個人的・社会的な経験は、直観的には、にわかに信じられないものです。しかし動物などに変身する能力を身につけることは、非人間と関係を持つこととおしなべて同義でもあります。人間の眼差しの中で、この儚くも危険なメタモルフォーゼ（変身）を遂げるには、人間であることをやめる危険をはらんでいます。この論理に依拠するならば、シャーマニックな知性の現れとは、普段の自分とは異なる視点に立つ能力を持つことと言えるでしょう。このような知性の現れは、シャーマン特有の属性というよりも、むしろ人間存在やモノ、多くの特異な存在との関係を持つ上での立ち位置や、自己や世界に対する非人間の現れ方の強さの程度といった文脈に左右されるものです。シャーマニックな知性を持つ者は、何らかの霊的な行為主体が行動し意図的に表現した状況として、一つ一つの出来事を理解しようとするのです。

民族学者のパトリック・デセによると、アマゾン河流域のフニ・クイン社会では、シャーマンは、唯一本物の動物（狩猟鳥獣や捕食動物を除く）と邂逅することができるとされています。また人間を見るのと同じように非人間を見ることのできる唯一の人物です。またシャーマンは非人間と交渉して、（シャーマンが代表する）人間と動物間のバランスの取れた関係を保つのです。そのためにシャーマンは、自らが人間であることを忘れずにいながらも、同時に他の動物に変身する能力を身につけねばなりません。

シャーマニズムの実践は、広く伝播しており、専門化していないという特徴もあります。このような特徴は、拡大した親族集団や同盟・敵対関係にある人々のつながりに利益をもたらすために、シャーマンとなる能力を持つ人物がある程度存在するという現実に対応しています。

シャーマンが呼ばれるのは、共同体の利益に影響が及ぶ場合ですが、報酬が付されることもあります。例えばシャーマンが呼ばれるのは、状況が行き詰った時や痛みを緩和させたい時、突発的であまりに苦しくて説明すらできない不幸に襲われた時です。そんな時、シャーマンによる儀礼の挙行が正当化されます。すべての儀礼は、災厄を意図しているものを生み出す方法論でもあります。

災厄を意図しているものとは、人間のコントロールが必ずしも及ばない不可視の存在のことです。これに対して、特効薬の知識を必要とするような一般的な病いの場合、薬用植物（解毒剤）の知識を持つ呪医が呼ばれます。逆に人間であろうと非人間であろうと、他者の意図により引き起こされた病いの場合（前者の場合は妖術、後者は生気が食べられたり、霊魂が誘拐されたり、何者かに捕まって別の姿に変えられそうになった時など）には、シャーマンによる介入が必要となります。シャーマンは、他者に変身したりなりきったりすることに熟練した者で、意図的に呪術をかけたり解いたりする方法を知っているのです。

モルドバ、パランカのクマ。シャルル・フレジェ、2011年

Termes
en usage

専門用語としてのシャーマン

現在、シャーマニズムは地理学的に広範な地域に広がっています。今や東南アジアや南アメリカのような遠方でも、シャーマンという用語が適用されるようになりました。その背景として、シャーマニズムにとって装身具といった物質文化が最重要ではなく、シャーマンが霊となって訪ねる世界の表象が重要だとする理解の枠組みが広まったことが挙げられます。それぞれの地域のシャーマンには、差異もあれば類似点もあります。それは現在使われている様々な用語の発音に多様なバリエーションがあることや、語義の微妙な差異と結びつきながら意味を失い文法化していくプロセスと似ています。

これらのことは、シャーマンとは何なのかということを私たちに教えてくれます。同時にシャーマンを定義する手がかりを与えてくれています。結局のところ、多くの地域のシャーマンたちは、シベリアの用語である「シャーマン」と同じ意味を指しているのでしょうか。このシャーマンという専門用語は、その社会的立場や治癒的役割（あるいはその他の働き）をほとんど表しておらず、むしろ性質や身振り、知識や霊との関係を示しているのみです。それは次に挙げる例からも明らかです。

イェイビチェイというナバホの儀礼的な舞踊。
仮面をかぶった神々（イェイ）が現れた。
エドワード・S. カーティス、1904年

Celui qui est animé d'une force vitale

生命の力を吹き込まれた者

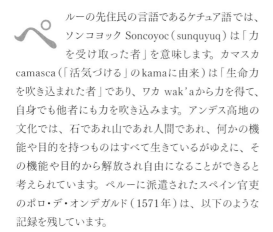

ルーの先住民の言語であるケチュア語では、ソンコヨック Soncoyoc（sunquyuq）は「力を受け取った者」を意味します。カマスカ camasca（「活気づける」のkamaに由来）は「生命力を吹き込まれた者」であり、ワカ wak'aから力を得て、自身でも他者にも力を吹き込みます。アンデス高地の文化では、石であれ山であれ人間であれ、何かの機能や目的を持つものはすべて生きているがゆえに、その機能や目的から解放され自由になることができると考えられています。ペルーに派遣されたスペイン官吏のポロ・デ・オンデガルド（1571年）は、以下のような記録を残しています。

「男性も女性も、病人を癒すインディアンらは［中略］、カマスカあるいはソンコヨックと呼ばれている。彼らは治療行為よりも、むしろ生贄と偶然に頼る。彼らが語るところによると、『自分たちは夢の中で人を癒す力を得た。助けを求める病人たちが現れて、こうした力を与えた』のだという」

また年代記編者クリストバル・デ・モリーナ（1576年）によれば、「彼らは、『自分たちの手にしているこうした恵みと徳は雷から与えられた』『雷が落ちて恐ろしい目に遭ったが、気がつくと、薬草を使って人を癒す力や、尋ねられたことに答える力を雷から与えられていた』と述べた」そうです。現在、シャーマンは「知る者」を表すヤチャック yachaqや、「天から儀礼用卓を与えられし者」を表すアルトミサユク altomisayuqと呼ばれ、霊的な世界を旅する能力を持つとされています。

一方、「プラシと共にいる」を意味するチ・プラシ Chi pülashiは、危険なまでに神聖な超自然的存在であり、力を得ることは、徐々にプラスー pülasüと呼ばれるシャーマンになることを指します。

北アメリカの先住民ラコタ（スー族）のウィチャシャ・ワカン Wichasha wakanは文字通り訳せば、「ワカンと共にいる者」を意味します。ワカンとは、「程度の差こそあれ、世界のあらゆるものや存在に影響する力」のことです。ラコタの呪医は、一般的には「メディシンマンやメディシン・ウーマン」と訳されますが、ペジュタ・ウィチャシャ pejuta wichasha、つまり「医術と共にいる者」と呼ばれます。

オーストラリアのキンバリー地域のアボリジニ、ンガリニン人におけるバンマン banmanは、呪医であると同時に「精霊」という意味もあります。さらに身体の陰影を通して、内臓や骨格を「透かして」見ることのできる「力」を持っているとされています。バンマンについて、人類学者バルバラ・グロフチェフスキにバンガルという名の人物が以下のように語っています。

「バンマンは石のようになって、手のひらの中に入っていき、身体の中を旅する。そして腕を伝って胸の内側にまで達し、脈動する。［中略］石英の岩は蛇から生まれ、石英は地から生まれる。［中略］シャーマンはこれを自らの身体に入れ、運ぶ。身体の中にゼリーが入っているようなもので、彼らはこれを身体の外に出して固める」

オグララ・スー族のシャーマン、サリヴァ。
フ・カロワ・ピ hu kalowapi 儀礼のための衣装を着用している。
エドワード・S. カーティス、1907年

Celui *qui* voyage *en* esprit

霊的な世界を旅する者

ルーの先住民マチゲンガ人の「ガヴァゲタチャリラ Gavagetacharira」という言葉は、「習得」を意味する「gav-」を語基とし、「真の意味で入れ替わる者」すなわち「不可視になる能力を獲得した者」を指します。

グリーンランドのイヌイット語におけるシャーマンを指すアンガコック angakkuqという言葉は、「他の場所を旅する者」を意味します。その語根のangarenは、旅の思想や、年齢や上位からくる優位的立場の親戚を示します。ちなみにangakは「母方のおじ」という意味です。

多くの社会において、精霊が年長者や「老人」として出現するのは注目に値します。この老人という言葉は、特に中央アンデス地域で頻繁に使われ、過去において、様々な添え名がつけられてきました。アンガコック・トゥーンラリク Angakkuq tuunralik（tunghalik）は「精霊 tuunrat（tunghat）を持つ者」であり、宣教師ポール・エゲーデは、アンガコック・ポグリク angekok poglikという言葉を「袋と魂を持つシャーマン」と訳しました（1741年）。プアク Pooqは「水の入った袋（子宮）」ですが、精霊の言葉（シャーマンの使う言葉）では「母」を意味します。またシャーマンの前に出現する動物人間がまとう「動物の皮」でもあります。これはシャーマンの皮膚を覆う衣服にも似ています。

ここには、シャーマンたちのメタモルフォーゼの思想を見て取ることができます。例えばイヌイットの人々にとってプラク pullaqとは、旅する精霊タルニク tarniqを包み込んでいる空気の入った泡です。またカナダのイ

ヌイットの一集団であるイグルーリクの人々のシャーマンは、海の女神を訪問する時には、精霊の言葉で「プラリウヴンガ pullaliuvunga（pullaq-lik、文字通りには"空気と共に"すなわち"我は生者なり"）」と宣言していました。そのように宣言をしないと、シャーマンは人間の世界に戻れません（クヌート・ラスムッセン、1929年）。

トゥングース人のシャーマン。多色版画、ロシア、18世紀

羽根と木でできた鳥の頭のかぶりものをかぶったヌニヴァク島民。アラスカ、ユピック語系集団。エドワード・S. カーティス、1929年

Celui *qui est* dans *un* rapport étroit *aux* esprit

精霊と親しい関係を築く者（ラポール）

シベリアのチュクチ語でエネ・ニリン ene'nilin は、「精気を持つ者」を意味し、シベリアのサハ語でシャーマンを指すオユン ojuun は、森を意味するオユール ojuur という言葉を想起させます。一方、「精霊（主）の棲む場所」を意味するイッチテーへ・ドジドゥ iččiteex dojdu という語も「跳ねる、飛ぶ、遊ぶ、シャーマンの儀礼を行う」という概念を想起させます。と言うのも中央アジアのテュルク語の「oju(u)-」という語根も、シャーマンのふるまいを想起させるものだからです。サハ人のシャーマンは精霊に変身すると、精霊と共に「遊び」、南部のシャーマンは、精霊たちを「遊ばせる」と言われます。

ブラジルの先住民ヤノマミの言葉では、シャーマン的存在はシャピリ・テ・ペ Xapiri thë pë と呼ばれますが、これは「精霊人間」を意味します。シャピリ・テ・ペは精霊の歌や踊りをまねることで、これと同化します。

またシャーマン儀礼は、「精霊の中で行動する」を意味するシャピリム xapirimu という語で表され、シャーマンになることは、シャピリプル xapiripru と表現します。

カナダの先住民オジブウェの人々の間でマニドーケ manidooke と言えば、「霊力を持つ者」すなわち「（儀礼中に）マニドー manidoo、つまり精霊になった者（manidoowi）」を意味します。かつてシャーマンには三つのカテゴリーがありました。まずはウォーベノ wâbanow という、治療者であり呪文を唱える人物です。ウォーベノは、焼けるように熱い石を扱ったり、熱湯に手を浸したりする力を持っています。次にクサビンドゥゲユ kusabindugeyu という、幻視者でありヒーラーです。ジスキウ djiskiu と呼ばれる悪いものを吸い取る技術を持っています。この人物は揺れるテント（ジスキウ djiskan）の専門家とも呼ばれています。

羊毛でつくったニエリカ（木に糸を張りつけた絵）。
世界を別な見方で「見る道具」。
「ニエリカ」という言葉は、幻覚を見る能力、知覚力の限界を指すが、
ペヨーテ（画面中央、P103）の力で、この限界を超えることができる。
メキシコの先住民ウィシャリカ（ウィチョル）、20世紀

Celui *qui* maîtrise *l'ivressn* psychotropes

(en Amazonie)

向精神性物質と陶酔するシャーマン（アマゾン河流域）

ベ ネズエラの先住民ピアロアの言葉でシャーマンを指すユフエフエルフア Yuhuähuäruhuaeは、「ユフエ yuhuäに通じた者」を指します。ユフエはヨポ（マメ科、学名 *Anadenanthera peregrina*）の種を粉状にしてつくる嗅ぎタバコです。

ペルーの先住民フニ・クインのシャーマン、フニ・ムカヤ Huni mukayaは、「ムカ muka（辛さ）に捕らわれた者」を意味します。もし狩人がムカに捕らわれてしまうと、彼は森を今までとはまったく違ったものとして理解するようになります。動物が見えなくなるわけではないのですが、あたかも人間のように見えるようになるのです。そして彼らと意思の疎通ができるようになります。

ペルーの先住民マチゲンガの言葉でシャーマンを指すセリピガリ seripigariは、Seripiとegariの語からなっています。その語根「-pig-」は、向精神性物質（タバコあるいはセリ）による陶酔を、「-peg-」は変身を意味します。つまり文字通り、シャーマンは「タバコで陶酔状態になる者、タバコで精霊のように変身する者」なのです。

コロンビアの先住民デサナの言葉でイェエ Ye'eは、「シャーマン」や「ジャガーとしてのシャーマン」を意味します。人間は、ヤヘやバニステリオプシス・カーピ、ディプロプテリス・カブレラナ（キントラノオ科）と呼ばれ

る向精神性植物を摂取して陶酔状態に入り、ジャガーへと変身を遂げるのです。

ヨポを吸うピアロア人のシャーマン、ホセ＝ルイス・ディアズ。ベネズエラ、パルグアサ川上域、2001 年

ブラジルの先住民ヤノマミのシャーマン。
クラウディア・アンドゥハル

レアウシリーズ（無題）、クラウディア・アンドゥハル、1974年

Appréhender *les* chamanismes

シャーマニズムを理解すること

「すべては語る。人間よ、なぜすべてが語るかわかるか？／
よく聞くがいい。風、波、炎、／木、アシ、岩、すべてが生きているからだ／
すべてに魂が宿っているからだ」

ヴィクトル・ユゴー『静観詩集 *Les Contemplations*』

シャーマニズムは、世界を表象しているわけでも説明しているわけでもありません。シャーマニズムは表象から生じたものであり、精霊の概念とシャーマニックな実践は、完全に切り離すことができます。ただし精霊は、シャーマニズムの機能において極めて重要な役割を担っています。さらに精霊は、シャーマニズムの本質や操作の方法においても欠かすことができません。

また精霊を呼ぶこと自体が、世界の存在が運命的なものなのだと見なすことでもあります。その世界とは、シャーマンたちが実践することでつくられた、我々の社会で見慣れた世界とは異なる世界です。言い換えれば、精霊が実在すると見なす存在や思考は、現象学的に言うと、人間の頭の中から不明瞭さを取り除き、シャーマンに頼ることに権威を与えるのです。そしてシャーマンが働きかけたり働きかけられたりすることを可能とします。さらにシャーマンは、想像の領域を呼び出し、その中へ入っていくことができるようになります。

ここで言う想像の領域とは、関係していくことの可能性の場と理解できます。この意味でシャーマニズムは、人が心に描く何者かとの関係性を築くための思考法だと言えます。だからこそ儀礼は、夜間や闇の中で行われ、シャーマンは布やビーズをつなげたもので目隠しをしているのです。

シャーマニックな社会では、人間と非人間（動物、精霊など）や見えるものと見ないものといった複数の現実領域同士の差異は、絶対でもなければ不変でもありません。むしろ様々な存在（人間や精霊、動物、山など）の存在論的な立ち位置と想像力の関係は、シャーマニズムが制度化される中で立ち現れるものです。このようにして制度化されたシャーマニックな表現形態は、様々な存在の相互関係の中で、それぞれが占める地位や力関係によって変化するのです（人類学者フィリップ・デスコーラ）。

ビル・ジェンセン《レインダンス》部分、1980-81 年
「私は美しい風景を見て絵を描きたくて芸術家になったわけではない。ものづくりを通して、私とこの別の世界
をつなげる何かを見たのだと思う。その昔、シャーマンたちは儀礼を通して、私たちとこの別の世界をつなげて
いた。部族が精神的なバランスを保つには、部族全員にこうした接触の経験が必要だった。現代アートの芸術
家は、儀礼や伝説なしで同じことをしているのだと思う。彼らは不可視のものを見えるようにする力を持っている」

シャーマニズム世界の地形図（トポグラフィ）を特徴づけているのは、ある種の道路網が形成されているという観念です。その道路網とは、異なる地域を結びつけ、それらの間のコミュニケーションを促進するような網の目であり、この道路網という発想は、一種のオープンネットワークだと言えます。それは、目に見えない粒子から肉眼で見えるものへと連なる結合体です。ただしこの結合体は、行為しようとする力によって命が与えられたものです。あるいは、ヤム芋のツルのごとく地下茎を形成する吸引集合（アトラクトゥール）たちだと言ってもよいでしょう。すなわち地下茎のように絡み合ったり、分岐したり、散逸していくような構造なのです（人類学者バルバラ・グロフチェフスキのオーストラリア先住民についての言葉）。シャーマニックな世界は、多層的な世界を意図したものでもあります。それは哲学者ジル・ドゥルーズや精神分析家フェリックス・ガタリが提唱したような、一つの垂直性（縦のもの）の中にすべてが水平（横）に広がる関係（あるいはその逆も）、つまり地下茎（リゾーム）のような構造として想像された世界です。

シャーマニズム世界の地形図（トポグラフィ）には、ヒエラルキー構造もなければ、教義のような意味の充足もない、そして啓典が記録する正規の歴史のような組織化された記憶や、宗教的指導者の勅令のような中央からの自動操作もありません。シャーマニックな世界は、様々な存在の意識状態やモノの見方の状態が循環するものとして定義づけられます。つまり二重国籍を享受している者や、それに付随して得られた能力の循環のようなものです。こうした能力は、シャーマンの血統や選抜、弟子入りによる修行などを通して得られるものであり、同時に二重の視点を有する能力なのです（人類学者エドゥアルド・ヴィヴェイロス・デ・カストロ）。

したがって我々は、シャーマニズムを単に二つの異なる現実の秩序を調停するものと見なす、二元論的アプローチを超えていく必要があるようです。すなわちシャーマニズムを政治的なものの中心に位置づけるのでもなく、自然と人間の仲裁の形態でもない、変容しつづけるものとして捉えなおす必要があるでしょう。別の言い方をすれば、シャーマニズムをわかりやすい輪郭を持った社会制度と見なす実体論的な見方を脱するべきです。むしろシャーマニズムを人間と人間、あるいは人間と非人間の間における交換関係や捕食関係、力関係が展開される場や開かれた雑多な空間として捉えなおすべきでしょう。

レアウシリーズ。ヤコアナ（学名 *Virola elongata*）を吸うシャーマン兼首長のジョアン。
ブラジル、カトリマニ、クラウディア・アンドゥハル、1974年

Le CHAMANE dans la LITTÉRATURE EUROPÉENNE

ヨーロッパの古記録に現れるシャーマン

『アメリカ史』より、
「私の方へ2隻目のボートを向かわせるルシタニア人」。
多色版画、テオドール・ド・ブリー、1592年

ーロッパ人とシャーマンがはじめて接触して以降、数世紀に渡って書かれた年代記や旅行記を読むと、ある種の見えすいた特徴が浮かび上がってきます。人間社会におけるヒエラルキーの観念や植民地化の利害。キリスト教会や科学革命による海外拡張政策に向けた闘争。こうしたヨーロッパのあり方とシャーマンたちは異なっており、むしろ正反対の方向のものだという物語です。その背景には、シャーマンの知識や思想に対する恐れがあります。と言うのもシャーマンたちは、以下のように記録されていたからです。

「インディアンの間では大変な名声を得ている」(オビエド・イ・ヴァルデス、1535年)
「哀れで野蛮な民から非常にありがたがられている」(ダブヴィル、1614年)
「深遠な科学や知識に通じた人間とされ、大変尊敬されている」(クラシェニンニコフ、1755年)

当時の最も有力な考え方は、それがどんなものであれ、シャーマンたちの欺瞞（ぎまん）を暴くというものでした。例えば「あらゆる偶像崇拝を根絶し」(宣教師パブロ・ホセ・デ・アリアーガ、1621年)、「常軌を逸した迷信を笑い飛ばして」(ダブヴィル、1614年)といった記述がなされます。その目的は「未開人たち」を近代化させるということにありました。いつの時代も民族大虐殺は「野蛮人」を援助するという名のもとで行われてきたのです。

ヨーロッパの古記録では、シャーマンのふるまいや実践に対して、往々にして驚異的で劇的な面が強調されています。この劇的なふるまいや実践とは、シャーマンを通じておしなべて人間社会に空間の詩学を打ち立てているということや、多種多様な指向性を知覚していること、「なぜ?」という問いに答えるために賢い方法で隠れた事物に到達すること、そしてそのために非人間とコミュニケーションを取ること、といったものです。

年代記や旅行記の作家たちは、相反する感情や価値の間でシャーマン儀礼を記述することにためらいを覚えていたようです。一方で魅惑されながらも、その半面で拒絶感を覚えながら。あるいは、シャーマンの周縁的性格と機能を有する社会的性格との間で。またシャーマンの超常的な能力や腕前と、シャーマンをシャーマンたらしめる儀礼における概念的な枠組みとの間で。こうした過程を通じて「シャーマニズム」という概念は、多義的な性格を持つようになったのです。

確かにヨーロッパの観察者たちが使った初期の呼称は、複雑で複数の機能を有しているかもしれません。しかし彼らの記述は、シャーマンの主要な能力を占いと予言、儀礼の過程で精霊を出現させること、そしてこうした精霊と交信するための身体変容であると見なしています。植民地化が進む中で、こうした先住民社会は崩壊し、支配者が出現しました。またヨーロッパの均質かつ強制的な思想の出現によって、シャーマニズムには、その治癒的機能のみが押しつけられるようになりました。今日、彼らの社会組織は劣化し、文化の真正性も喪失し、自然環境の破壊が留まるところを知らない中、シャーマニズムは彼らの集団による応答として立ち現れているのです。シャーマニズムほど、現代的なものはないのです!

サトゥリワ族の勝利の儀礼での首長ポタノ・ウティナ。
版画、ジャック・ド・モワーヌ、1562年

Un imposteur, «ministre du diable» ou «prestidigitateur»

ペテン師、「悪魔のしもべ」あるいは「奇術師」

「真の英知は、人間から遠く隔たった深い孤独の中でのみ得られる。
安楽ではなく苦しみの中にのみ見つけられる。孤独と苦しみは人間の精神を切り開く。
だからこそシャーマンは、そこから英知を汲み取らねばならない」

グリーンランドのシャーマン、イグジュガルジュクが探検家クヌート・ラスムッセンに語った言葉、1930年

 ャーマンに関してヨーロッパの初期の古記録では、以下のような否定的な説明がなされていました。

「悪魔のしもべ」（オビエド・イ・ヴァルデス、1535年）
「いわゆる神性をまとって天啓を受けた者というよりも、狂人に近い」（シャルルヴォワ、1744年）
「あらゆる光を恐れる闇の申し子」「魔術師」「魔女」
「人々は彼らを通して、悪魔に伺いを立て［中略］、神託のごとくサタンのしもべの口から答えを得る」（デュ・テルトル、1654年）

また、シャーマニズムに関しても、同様に以下のような悪魔化がなされていました。

「迷信、悪魔の所業」（ダブヴィル、1614年）
「悪魔はこの機会を利用して人々を誘惑し、人をだます［中略］。悪魔は、あらゆるものが望みのままになり、何の苦労も労働もない素晴らしい土地を手に入れたいなら、我に従うよう人々をけしかけろと魔術師に命じる」（デヴルー、1615年）

ニエリカと呼ばれる毛糸絵の細部（ホセ・ベニテス・サンチェス）。「歌が頂点に達すると、世界も人間も一つになる」と人類学者イラリオ・ロッシは記している。ペヨーテ（P103）の働きにより、太陽と人体の炎であるイヤアリ iyàari を手にすることで、人間は英知をもたらす鹿の精霊カウユマリのイヤアリに到達することができる

異端で火あぶりの刑に処される魔女。ドイツ、1555年

　以上のような古記録では、パジェ（シャーマン）という名の奇術師は、ペテン師として扱われました。そのあとシャーマンは、科学革命の起こった18世紀においてもソ連の時代においても、同じような扱いを受けました。ただしヨーロッパ人がシャーマンと遭遇してから最初の1世紀は、シャーマンを語るロジックはかなり異なるものでした。シャーマンは当初、ヨーロッパのキリスト教徒にとって危険なライバルだったのです。

　宣教師たちにとって彼らは邪魔な存在でした。例えばペルーで行われた第3リマ公会議（1582-83年）では「我らが救い主イエス・キリストが真実を伝えるために、世界各地に聖使徒や弟子たちを送ったように、悪魔も人間をたぶらかすために、しもべである年老いた魔術師たちを送り込んだ」と断じています。

　聖職者にとっても、シャーマンとの遭遇は、自身の信仰に対する試練を意味していました。1672年、ロシア正教の首司祭アヴァクームもシベリアのトゥングース人のサマン（シャーマン）について以下のように記しています。

「サマンは予言者である。旅は成功を収めるだろうか。彼らは勝利を収めて帰ってくるだろうか。［中略］彼は、飛び跳ね、踊り、悪魔を呼びはじめた。大きな叫び声と共に、地面に倒れ込み、口から泡を吹いた。［中略］悪魔は『汝は大勝利と巨万の富を手にして戻るだろう』と言った。［中略］私は大声で神に訴えた。『主よ、お聞きください。［中略］どうか、彼らのうち一人として戻る者がありませんように！［中略］彼らを破滅へと導き、悪魔の予言が成就しませんように！』と」

　宣教師たちは先住民のシャーマンたちと彼らの土地で戦いを繰り広げました。シャーマンたちが暮らしてい

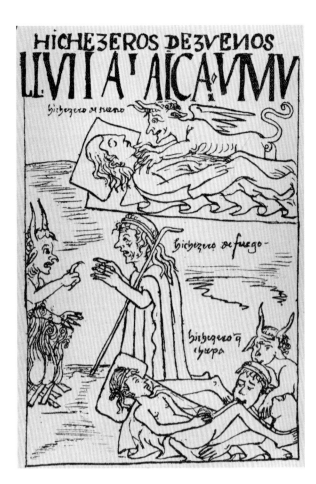

HICHE3EROS DE3VENOS
LLVI A' AICA·VMV
hichezero de sueno
hichezero de fuego
hichezero q' chupa

ワマン・ポマ『新しい記録と良き統治
Nueva corónica y buen gobierno』より、
「人をたぶらかす魔術師」(1615年)
「別の魔術師たちは悪魔と話し、
口にモノをほおばる。
また彼らは身体から病気を取り出す。
そして男女の身体から銀、石、木片、幼虫、
ヒキガエル、ワラ、トウモロコシを
引き出すと言われている」

た土地は、宣教師たちの言葉を借りれば「魂の支配」の場、現代の人類学の専門用語で言うならば「象徴効果」の場でもありました。メキシコにおけるペヨーテ（小さなサボテン、学名 *Lophophora williamsii*）摂取の禁止は彼らの戦いの一例でした。しかし1620年になる頃には、アメリカ先住民だけでなく、当該社会の他の成員であるメスティーソ（混血の人々）やヨーロッパ人たちですらも、この小ぶりなサボテンを嗜むようになりました。ペヨーテの成分を摂取すると神が見えるようになります。この小さなサボテンは、キリスト教会の教えや、人々の想像力を押さえつけようとする教会の統制力にとって大いなる脅威だったのです。

　16世紀以降、科学的探検が開始され、科学的な発見もなされるようになりました。その結果、シャーマンは有害で油断のならない狡猾な奇術師だと判断さ

れるようになりました。そのふるまいは野蛮だとされ、文明人を自負するヨーロッパ人たちは、植民化対象である地域の人々を未開人だと位置づけたのです。探検家アンドレ・トゥヴェは、1558年の報告の中で、現代のブラジルに暮らす先住民トゥピナンバのシャーマンを「偽の予言者であり、偽の呪術師」「浮浪者」「ペテン師」だと呼びました。そしてカウイン（キャッサバのビール）を大量に飲み、儀式を挙げ、悪魔を呼び出して「迷信に満ちた実践」や「呪術の濫用」を行っていると断じています。こうした酔っ払いとしてのシャーマン像は、何世紀にもわたって語り継がれました。20世紀のロシアの著述家たちも「ナナイ人のカムラニエ（シャーマン儀礼）とは、酒飲みの口実にすぎない」と記しています（1912年の匿名者の記録、ロランス・ドゥラビの著書から引用）。

フロリアン・バウケ『あちらこちらに *Hacia allá y para acá (una estada entre los indios mocobíes,1749-67)*』より、
アルコールに酔ったアメリカ先住民。多色リトグラフ、ヨーロッパ人による征服時代

　このようなシャーマンに対するまなざしは、ヨーロッパ人が彼らの奇妙なふるまいに動揺したとは言え、当時の科学者たちが持っていた偏見の影響によるものでした。当時、ヨーロッパ社会は、身体と情動に関する知識や植物の知識に基づく中世の医術を捨てて、瀉血や浣腸、鉗子（手術用のハサミ）を用いた施術に頼る近代医療へとシフトしようとしていました。これは、人間と生活環境の関係や病人と治療者の関係の中で治療をする医術から、身体のみを対象化した医学への変化です。そして啓蒙思想が喧伝した思考法からかけ離れた、中世以来受け継がれてきた医術から、学問としての医学への変化でもありました。

　当時、発達しつつあった「科学的客観性」という考え方からすれば、シャーマンは「不適切で悪名高き治療術の残滓を受け継いだ者」にすぎませんでした。そしてシャーマンたちは、闇の精霊たちを使役し、名声をもてあそび、信者たちの馬鹿げた盲信を利用する人物であり、そうすることで神をも畏れぬ自信を振りまわし、人をだましつづけているのだと理解されていました。（ラフィト、1724年。この引用部分は、同時代人たちの意見の報告）。

　またシャーマンは奇術師であり、「嘆かわしい食わせ者」（グメリン、1767年）で、「半数は熱狂者、半数はペテン師、たいていはその両方」（ゲオルギ、1776年）ともされました。儀礼におけるシャーマンは「あまりにヘマなので、迷信に凝り固まっていなければ、これほど粗雑なペテンに気づかないはずはない」（クラシェニンニコフ、1755年）との記述もあります。

オジブウェ人に育てられたイロコイ人の首長、パウプキーウィ。1903 年

一方、シャーマンに対する当時の軽蔑的な意見とは一線を画しているのが、宣教師ジョゼフ＝フランソワ・ラフィトが残した著作です。その幅広い視点には目を見張らざるをえません。イエズス会士だった彼は、アメリカの先住民ヒューロンやイロコイの人々について、「偉大なる精神」「古代宗教の痕跡」を有し、「その自由さには嫉妬を禁じえない」と記しています。シャーマンたちについても以下のように記しています。

「真実の源泉として、人々からあらゆる相談を寄せられる並外れた人物だ。と言うのも彼らは夢解きをしたり、隠された精神的欲求を明らかにしたりするだけでなく、彼らの科学はあらゆることに及んでいるからだ。［中略］ヌーヴェル・フランスの宣教師たちは、彼らのいわゆる予言者のことをインチキやヤブ医者としか見なさない。そしてあたかも彼らのあらゆる技能は大ぼらに他ならないとばかりに、奇術師呼ばわりした。それを判断するのは私の仕事ではない。私は、これら奇術師たちが（何らかの神がかったものを持つ）驚異的だと信じることをいとわない。しかし結局のところ、

それは極めて自然なことにすぎない。［中略］とは言え、私が理解したこともいくつかある。それは、私が『彼らは注目に値する』と信じていることだ」

おそらくこのような視点は、学者でも聖職者でもない多くの植民者たちの間でも共有されていたことでしょう。オジブウェの老人アグエゴンは、1801年、随筆家のクレーヴクールに以下のように語りました。

「私は白人と出逢い、彼らが勇者だと思っていた。ところがどうだ！　彼らは死ぬ時にも奇術師を必要とする。名前は忘れたが、ある若い髭を生やした男は、私たちのうち誰かが西へ行くたびに、ウィグワム（伝統的ドーム型住居）にいた。ある日、私は男に『ここで何をしているのだい？』と聞いた。彼は、『俺が何をしているかだって？　お前たちの病人たちが我慢強く落ち着いて勇敢に死んでいくのに感心して、それを見にきているのさ。［中略］いつか自分も彼らをまねてみようと思ってね。まさか気を悪くしたんじゃなかろうね』と答えた」

Le **fou**

狂人

「私は丘の上に一人でいた。

占い師が［中略］穴の中にすわって谷底に消えるのを見ていた。［中略］

私はユイピ（乳幼児をあやすガラガラに入れる小石と、

シャーマンが縛られる儀礼と、シャーマン自身を指す）になりたかった。

だがもし失敗したら？　もしヴィジョンに拒否されてしまったなら？

もし雷の霊が夢に出てきたり、雷が丘に落ちたりしたら？

そうなれば私はたちまちヘヨカになってしまう。

ヘヨカとは、裏の人間であり『ひねくれ者』でもあり、

儀礼に出てくる道化師でもある。［中略］

私は一気に、鳥たちの飛ぶ空に運ばれた。［中略］一人の声が私に語りかけた。

『お前は予言者・呪医になるために自らを犠牲にしたのだ。［中略］

我々は鳥族、翼を持つ民であり、フクロウ族とワシ族だ。

我々は一つの民族、お前は我々の兄弟になるのだ』と」

レイム・ディアー、1977年

樹木の前で地べたにすわる秘密結社ハマツァのシャーマン
（カナダ、ブリティッシュコロンビア州の先住民クワクワカワク）。
彼は数日間、イニシエーションとして森で過ごしたのち、
力を獲得した。エドワード・S. カーティス、1914年

20世紀に入ると、近代なるもの(モデルニテ)の出現によって、精神病理学が成立するとシャーマニズムを理解する上での理論的な分裂が起こりました。つまり従来の科学者とは別のやり方で、精神病理学も無意識というものを対象化し、説明しようとしたのです。精神病理学では反キリスト的な悪魔は忘れ去られた存在となり、シャーマンは自身の心の中の「悪魔」に憑かれていると見なされるようになります。当時の病因論に基づいた分類では、シャーマンはヒステリー神経症、統合失調症、てんかんなど、あらゆる病気にかかっているとされました。その人物は、気絶する前に震えていないか。幻覚を見ていないか。そしてそれを事実だと信じ込んでいないか。誰かの声が聞こえたり、その相手と会話をしたりしていないか。その人物は、別の人格になってしまい、儀礼の参加者の質問に答える時の声の調子や身体表現に変化が見られないか。こういったことが注目されるようになりました。

20世紀初頭、ロシアの革命家であり人類学者のウラジーミル・ボゴラスは、自らが目にしたシベリアの先住民チュクチのシャーマンについて、次のように記述しました。「多くが、ほとんどヒステリック状態にあり、一部は文字通り半ば気が狂っていた」。また1927年、ロシア・ソ連の民族誌学者レフ・シュテルンベルクも、次のように書き残しています。「シャーマンになる者は、特殊な病的な神経組織や極端な感受性を備え持っていたり、発作的に恍惚状態になる傾向があったりする。そして様々な種類の幻覚に属するのだが、彼らは多かれ少なかれヒステリーに苦しんでいる」。

シャーマンの「精神衛生状態」は、科学者たちの間で激しい議論の的となっていました。それは度を越して馬鹿げていると言えるほどでした。民族学者であり精神分析学者であったジョルジュ・ドゥヴルーは1970年に、シャーマンを「重度の神経症患者、さらには一時的に回復した精神病患者」とさえ見なしました。そして精神病患者とシャーマンの唯一の違いは、後者は現実に意味を与えるような妄想が、社会的因習によってつくり出されている点にあるのみだとしました。精神分

析学者にとってシャーマンとは、「原始的社会」の成員がうわべのバランスを保つために仕立て上げた狂人にすぎなかったのです。

それでもシャーマンの儀礼中の身振りが精神病の症状だということは、証明可能だとされていました。一方では、このような精神分析は、特殊な観察法を背景に生み出されたものだったので、なおさらシャーマンは精神病者にされやすかったのです。つまり当時の先住民社会は、ヨーロッパによる植民地化や国民国家への統合といった大きな文化変容や危機的状況に直面していました。そんな中でシャーマンを志すということは、自らの社会に起きていることを理解することであると同時に、自分を癒す方法でもあったのです。他方では、シャーマンたちは、「自己同一性(アイデンティティ)の危機」（人類学者アンソニー・F. C. ウォレス、1966年）にある者だと

フランシスコ・デ・ゴヤ《理性の眠りは怪物を生む》部分、1797-98年

されてしまいました。しかも、シャーマンの実践の中でも、たった二つの瞬間のみに焦点が当てられることで。それは見習いシャーマンの召命とイニシエーションの時です。つまり候補者が精霊によって身体を支配された時と、トランスによって自らをコントロールできなくなった時です。

　宗教学者のミルチャ・エリアーデは、以下のように論じました。「病気になることでシャーマンの召命が顕現する場合、その見習いシャーマンのイニシエーション儀礼は、治癒の過程に相当する。[中略]つまり病気は、まさにシャーマニズムの訓練を通して統御され、バランスを回復するのである」(エリアーデ、1951年)。

　つまるところ、シャーマンは治癒した狂人なのでしょうか。ここで言うシャーマンの狂気とは、狂気が正常化するという意味での治癒した狂気ではありません。むしろイニシエーション儀礼を経たり、苦悩に対峙したり

したことで特化した「学習された狂気」です。このロジックに依拠するならば、イニシエーションにおける病いは、観察者が叙任儀礼を考慮に入れた場合、エリアーデの言う「死と再生」(1951年)として立ち現れます。

　病いは、まさに精霊との特別な関係を築くための兆候に他なりません。この病いを「治癒」する唯一の方法は、精霊を受け入れ、シャーマンになることです。つまり、多くのシャーマンの物語に登場するイニシエーションの病いは、あるカテゴリーに属していることになります。それは召命を語る手段です。もっと正確に言えば、この病いは、精霊に選ばれることに対する拒絶の証です。つまりイニシエーションの病いは、シャーマンの機能が、いかに制約されたものなのかを強調しています。そして儀礼の進行に大きな影響を及ぼす非人間(精霊)の意思が支配的な力を持っていることを示しているのです。

ウィリアム・ブレイク《ネブカドネザル》1795年-1805年頃

シャーマンの機能と人格を同一視することはできません。人類学者フィリップ・ミトラニが言うように、仮に劇の観客が俳優の人格と演じるキャラクター（役）の一致度を判断しうるのならば、それはまさに人格とキャラクターが別々のものだからではないでしょうか。俳優と同じくシャーマンも、仮面をかぶることではじめて自らの役割を演じられるのであり、その仮面を取れるようにならねばなりません。シャーマンのふるまいは、人間と非人間という双方の儀礼の参加者に向けられています。

それは、人類学者ミシェル・レリスが、エチオピアの憑依儀礼ザールについて語ったように、「生きた劇場」なのです。この人生という劇場で、シャーマンは社会に与えられた役割の中に没入しながら、これと一体化します。しかもこの「劇場」は、決して芝居を演じる劇場だと認めるわけにはいかないだけに、むしろ特殊な場だと言えます。このような理由から、「芝居/遊び」とは、身体と志向性（意思）に関する一般通念に対して再考を促すような経験だと言えるでしょう。つまり主体の在り処をずらしていくということです。

激しい呼吸、足を踏み鳴らす、飛び跳ねる、震えて気絶する。このような明らかに外側から観察できるシャーマンの動作は、単なる表象ではありません。これらの動きは、シャーマンになっていること、つまり他者の身体になっていることと相関関係にあるのです。このような他者への変身は、可逆的でもあります。この人物は、変身儀礼の中でシャーマンとなるのですが、トナカイやジャガー、あるいは精霊もシャーマンになるのです（パトリック・デセ、2005年）。変身できなければ、シャーマンは気が触れてしまうか、死んでしまいます。

アラスカの先住民ユピックの仮面、19世紀。
主に表象されているのは、頭が下になっている魚。
横半分は人間の顔。おそらくユアという守護精霊

Des chamanes au chamanisme

シャーマンからシャーマニズムへ

「存在するすべてのものは生きている。川の近くのこの断崖では、
一つの声が生きて響いている。この声は、岩の心を語る。
向こうに見える喉が青い灰色の小鳥は、シャーマンになっている。
そしてシャーマンとして行動している。ほら、小鳥は茎と枝の窪みの中にすわって、
シャーマンのようにメロディを歌っている。
木は震え、斧の一撃を受けて泣いている。
ばちで叩かれるシャーマンの太鼓のように」

ロシアの人類学者ウラジーミル・ボゴラスが、あるチュクチ人から聞いたシャーマンにまつわる話。
シベリア北東部、1904年

20世紀も中頃になると、シャーマニックな実践は、もはや精神障害の症状とは見なされなくなりました。その代わりに、スピリチュアルなアプローチだとされるようになります。そうした流れの中で最も名高いのが、宗教学者ミルチャ・エリアーデです。1951年に上梓された『シャーマニズム　古代のエクスタシーの技術』は、世界各地のシャーマニズムには驚くべき共通点がある

ことに言及しています。エリアーデが依拠したのは、民族学による現地の詳細な記録でした。民族学がうぶ声を上げたのは、19世紀末から20世紀にかけてのことです。民族学の報告に出逢えたことは、彼にとって幸運なことだったと言えるでしょう。
　エリアーデによれば、シャーマン

宗教学者
ミルチャ・エリアーデ

プレム・バハードゥル・タマンはタマン人シャーマン（ボンポ）。
夜の治癒儀礼を行っているところ。ネパールのカーブレ・
パランチョーク郡にて。人類学者アドリアン・ヴィエル、2012年

のイニシエーションは、真正なる神秘体験です。彼は語ります。「シャーマンは［中略］エクスタシー、つまり脱魂の達人であり、［中略］トランスの専門家である。シャーマンがトランス状態にある間、その魂は身体を去り、天空へ飛翔し、地下世界へ下ることを試みる」。

シャーマンが精霊たちに選ばれつづけることでその非凡さを証明しようとします。そして聖なるものとの直接交流の中で、自分自身を見つけたという事実を表明します。現代、我々の社会におけるシャーマニズムに対する関心の高まりは、この前出の本と決して無関係ではないのですが、同時発生的なパラダイムシフトを起こしました。

1955年、民族菌類学者ロバート・G. ワッソンは、メキシコの先住民マサテコの呪医マリア・サビーナの同席のもとで、シビレタケという幻覚性キノコを摂取しました。当時人気だった新聞にこの体験が掲載されると、大変な反響がわき起こりました。このキノコを試したいと、メキシコのオアハカ州にあるワウトラ・デ・ヒメネスという小さな町に、好奇心あふれる人々が大挙して訪れたのです。

同じ頃、化学者のアルバート・ホフマンは、リゼル

幻覚を引き起こすシビレタケ（学名 *Psilocybe semilanceata*）

グ酸ジエチルアミド（LSD）を発見し、作家のオルダス・ハクスリーは『知覚の扉』で自身のメスカリン体験を書き綴りました。メスカリンとは、ペヨーテに含まれるアルカロイドです。

その数年後、アメリカの文化人類学者カルロス・カスタネダはシャーマンに弟子入りした自身の体験談を出版しました。そのストーリーは、現実とはかけ離れたものでした。おそらく事実ではない可能性が高いでしょう。しかし彼の著作は、人類学者たちがフィールドで築く人間関係に関する従来の常識を覆す画期的な出来事となりました。と言うのもカスタネダは、研究対象からイニシエーション儀礼を受け、それが彼の研究の正当性を増強させたのだと主張したからです。しかしこの主張は、従来の民族学や文化人類学とは相容れませんでした。第一に伝統的な民族学の関心は、対象のふるまいや基礎となる表象を観察することにありました。第二に、シャーマンを自らより下の者と見なし、シャーマンが行う実践や象徴の体系、シャーマニズムを実体化させる社会関係や象徴的思考などを明らかにすることを目的としていたのです。

いずれにせよ、エリアーデやワッソン、ハクスリーやカスタネダなどの著作は、私たちのシャーマニズムに対する見方を劇的に転換させました。彼らは新たな分析方法を開拓し、一定の地位を占めることになりました。それは、従来のシャーマニズム像の真逆の立場を取ることで実現されたのです。

日常的現実と非日常的現実といった区別は、「西洋人」にとっては使い勝手のいい二項対立的な思考法です。アメリカの文化人類学者マイケル・ハーナーは、シャーマニズムの研究と教育、保存のために、シャーマニズム研究財団を設立した人物です。彼はコア・シャーマニズム（核心となるシャーマニズム）という概念を生み出しました。そしてシャーマニズムを特定の社会や文化に結びつくあらゆるものから切り離したのです。このような「普遍的なシャーマニズム」は、不可視の存在やそれに関する様々な技術を抽出したもので、主な技術は、太鼓を使った精神変容の旅です。普遍的シャーマニズムとは、非日常的現実に到達し、直接的なスピリチュアル体験（人類学者クリスチャン・ガザリアン）をするための方法論だと言えましょう。

カムラニエ儀礼の最中のアルタイ人シャーマン。シベリアのアバイ村にて。
地理学者ワシリー・ワシーレヴィッチ・サポージニコフ、1895-99年

　以上のような学者や作家たち（とその他の人々）は、シャーマンが語る体験に似た感覚が向精神物質の摂取によって得られることを発見して驚嘆しました。文化人類学や美学の対象だったシャーマニズムは、こうして学習可能な技術となったのです。そして彼らの著作を読んだ読者たちも、自分もシャーマンになれるかもしれない、シャーマニズム体験をできるかもしれないと胸をときめかせるようになりました。

　やがて代替医療が出現し、個人の内的な成長への欲求も高まってきました。また精神による身体症状の治癒についての近年の研究では、人間の身体を単なる生物学的存在と見なさなくなりました。つまり自分と他者、人間と非人間の関係によって構築された、類稀な情動の体系として身体を見なすようになったのです。こうした状況も相まって、現代ではシャーマンはスピリチュアルな医師と捉えられています。現代、私たちは個人的にも社会的にも、自然環境との関係をひどくおざなりにしています。ごくわずかですが、多様な知性がこの環境で相互作用していることも、研究者たちに指摘されるようになりました。シャーマンは、こうした様々な存在の間の関係性を癒す医師なのです。

ブラジル国民会議で発言するヤノマミのシャーマンにして先住民活動家のダビ・コペナワ。
クラウディア・アンドゥハル、1988年

　16世紀から受け継がれてきた西洋的な自然観は、世界中の風景を考える上で今なお支配的なものの見方です。私たちは、この「自然」を過剰に利用し侵略・破壊してきました。その一方で、先住民社会の人々は、自然環境保護に深く関わる知識の守護者だと考えられるようになったのです。またシャーマニズムは、良かれ悪しかれ自然の宗教だと見なされるようになりました。先住民たちは、シャーマンが理想的な節度を持つ者や自分たちの集団の力の体現者として公の場に登場することを理解していました。そしてシャーマニズムを政治的な道義心の一形態に仕立て上げました。

　こうしてシャーマニズムは、先住民たちにとって文化保護と価値観の継承のためのスピリチュアルな手段となりました。ある意味、シャーマニズムは、先住民が集団としてまとまるための特別な文化的特徴となったのです。シャーマニズムが存在するためには、主体性に満ちた世界や非人間が住む世界が必要だと説かれるようにもなりました。このような世界では、きっと人間はもっと謙虚になることでしょう。それは次の言葉か

らも明らかです。

「以下の言葉は、かつて私に如何にして精霊になったか、どのように森を守るための話し方を学んだかを語ってくれたあるヤノマミ人の言葉である。[中略]白人たちには、我々の森が死んだとか理由もなくそこにあるのだなどとは考えてほしくない。森の光り輝く水面で踊り、絶え間なく遊ぶ。そんな精霊シャピリたちの声を彼らに聞かせてやりたい。そうすれば、彼らも私たちと共に森を守りたいと思うかもしれない。[中略]シャピリの言葉は、私の心の奥底で醸成されていく。[中略]精霊の言葉はとても古いが、シャーマンが常に更新をつづける。精霊の言葉はずっと、森とそこに住む人々を守ってきた。[中略]いつの日か精霊の言葉たちは、私の子どもや婿たちの心にも浸み込んでいくだろう。[中略]そうしたら、今度は彼らがその言葉を新しくするのだ」(シャーマン、ダビ・コペナワの言葉、2010年の人類学者ブルース・アルバートの著作より)

ネパールのマイノリティ、チェパン人シャーマンのプルマ・バハードゥル。
祖先たちにヌワギ祭に加わるよう働きかけている。
ネパールのダーディン郡にて。アドリアン・ヴィエル、2017年

第2部　シャーマンになるということ

Chapitre II

DEVENIR chamane

「夢の中で
目が頭から飛び出した
目は海の波の中に転がっていった
戻ってきた目はもっと緑がかっていた
夢の中で
骨が身体から飛び出した
骨は雪に覆われた山の上に
ジグを踊りにいった
戻ってきた骨はもっと白く、強くなっていた
私は踊ることができるようになった
ここが自分の居場所だと感じられる
生きていても、死んでいても」

ケネス・ホワイト
『シャーマンのテリトリー *Territoires chamaniques*』

シャーマンがいる社会では、一般の人々とシャーマンの双方にとって、人間とエコロジカルな価値を維持することは常に重要な問題です。と言うのも、環境のバランスは脆弱さゆえに、常に脅威にさらされているからです。したがって以下のような三つのバランスを保全、実現していくこともシャーマンの多様な機能の一つです。

- 人間が個人や集団として、動物や精霊といった可視・不可視の非人間と築いてきた関係のバランス

- 共同体内や共同体間の人間関係のバランス

- 一個人の内部のバランス

　民族学者ミシェル・ペランが語るところでは、シャーマニズムは、人間や世界について独特の表現をすることがあります。シャーマニズムの表現には、病気や災厄といった不条理が恣意的なものだと見なされる余地はまったくありません。バランスが崩れることを未然に防ぐ。あらゆる災厄に対して対応する。つまり災厄の理由を説明し、避け、和らげる。シャーマンには、こうした役割が課されています。人類学者エベリーヌ・ロット・ファルクが主張するように、シャーマンを自認する者は、制度宗教や世俗宗教における聖職者のように何らかの信仰を告白するのではなく、自らの方法が正しいことを行動で示すのです。

121

モンゴルのシャーマン、エンフトヤー。精霊が用いるメタファーや伝統的モンゴル語を通訳する助手の補佐のもとで治癒儀礼を行っている。後ろには、修行中の弟子シャーマンの姿が見える。モンゴルのフブスグル湖にて。
映像人類学者レティシア・メルリ、2018年

シャーマニズムは、人間の精神内部の複雑な現象学に基づいています。この現象学は緊張をはらみながら、自分のものの見方や実在しているものをごちゃ混ぜにします。そしてどちらにも還元できないような矛盾するロジックを巧みに操ります。他者とは自己との関係性の中でつくり出されているのだ、という感覚を持つということ。つまりシャーマニズムとは、こうした他者観に基づいて生み出された、人間と非人間（精霊、動物など）の特殊な結びつきなのです。そして仮にそうであるならば、シャーマニズムは、野生そのものと精霊など野生から発せられるものを取り込み、一体化することを目指していると言えるでしょう。シャーマニズムは、災厄の原因に対して志向性を持ってあれやこれやと対処します。さらに、人間と予測不可能な力をつなぐ関係を言葉にすることで運命に対処し、時には「チャンス」を逆転させたりすらします。人類学者ロベルト・ア

マヨンは、シャーマンとは「運に打ち勝つ者」だと評しています。

シャーマニズムは、他の文化から借用したものや偶然の一致の結果だとするには、あまりに広い地域に展開されています。確かにシャーマニズムは、多様な形態や想像物、美学や動態を有しています。しかしその一方で、明らかに独自と言える特徴も備えています。つまりシャーマニズムとは、一種の倫理学であるということです。シャーマニックな社会では、多くの非人間が含まれるため、共通の次元は大きな広がりを持ちます。シャーマニズムは、こうした現実に対する共通したアプローチを取るだけでなく、一つの修練法/学問分野なのです。その共通した修練法とは、精神/精霊たちの実在を知った上で、非人間にも開かれた空間で警戒心を持つことです。

《ライン河の風景》2015年

北米の先住民ナバホの呪医、ネスジャジャ・ハタリ。
エドワード・S. カーティス、1904年

VOCATION
ÉLECTION
INITIATION

召命、選別、イニシエーション

125

北米の先住民クワクワカワク（クワキウトル）の木製彫刻。
人間がクマに変容した姿とも考えられる。
カナダ、ブリティッシュコロンビア州、20世紀中頃

ロシアの沿海州やサハリンで暮らすニヴフの人々は様々な精霊を区別しています。ケグンKegnと呼ばれる精霊は、シャーマンの治癒や予言、不吉な霊との戦いを補佐します。この精霊は、病人の身体に忍び込んだ悪霊（ミルク）を摘出したり、さらわれた霊を探すシャーマンを導いたりします。ケンツク kentqは一種の道化のような霊で、儀礼の間シャーマンが奇術をするのを手助けします。例えば、腕をきつく縛らせて暗闇の中でそれをほどいたり、ものを空中に舞わせたり、お互いに傷つけ合うことなく刃物で差し合ったりといった奇術を行うのです。

　ニヴフの人々は、森や山などの野生の空間（パル）と、海や川などの水の世界（トル）を対比して考えます。クマは「山の人」として現れ、シロイルカやシャチは「海の人」として立ち現れます。クマやシロイルカやシャチは、ニヴフの人々と似たような暮らしをしていると考えられています。したがって、神話のこれらの生き物の中には、双子の母親やシャーマンと婚姻関係を結んだものもいます。

　それでも両者の間には違いが二つあります。一つは存在のカテゴリーに関する違いです。山の精霊の主は、クマに対して猟師の前に現れるように命じます。一方、海の精霊の主が、シャチたちにアザラシを漁師の方へ押しやるように命じます。と言うのも「精霊の主たちが望まない限り、獣の一頭たりともギリヤーク（ニヴフ）人に捕まることは決してない」からです（シュテルンベルクの記述。ロランス・ドゥラビの著作から引用）。

　もう一つの違いは、それらと結びついている人間についてのものです。言い伝えによれば、双子が死んだ時、母親は子どもたちにつき従って深い森を抜け、平原を通り、山を越え、洞窟へ行くと歌いました。母親が洞窟の中に入ると、毛がたくさん生えてきたので

精霊たちと生きることにしました。そして自分が人間であることを忘れてしまったそうです。

　双子の母とは違って、シャーマンも動物や霊など別のものに変身しますが、儀礼を通してのみで、完全かつ一時的な変身に留まります。すなわち両者のその先の運命は異なっているのです。民族学者のパトリック・デセによると、シャーマンになるということは、今起きているメタモルフォーゼの過程に身を置くということです。それは決して完成することはないものです。もちろん治癒を行ったり、世界のバランスを回復させたりすることを通じて満足感を得てしまった時は例外なのですが。したがって変身とは一過性のものであり、効果的に儀礼を遂行するための一条件にすぎないのです。

　ジャン＝ポール・サルトル風に言うならば、シャーマンになることは、閉じたプロセスではなく（閉じていれば、否定や理解の余地はないのですが）、他者になる可能性や熟達の可能性、すなわち治癒の可能性へと開かれたプロセスということになります。一方、クロード・レヴィ＝ストロースは、シャーマンは最初の霊的な危機にまつわる出来事を再現したりまねたりするに甘んじるだけでなく、その最初の体験と暴力を生き生きと追体験する、と語っています（1974年）。言い換えるならば、シャーマンになるとは、人格変容のプロセスであると同時に、世界内での自分という存在の変容プロセスだということになるでしょう。変身は、野生の経験をもとにしています。しかしシャーマンになる者は、飼いならされ、儀礼化されたトランスの中でこの変身プロセスを自ら探求し、経験していくことになります。この儀礼化したトランスとは、私的な宗教経験を公的な儀礼実践へと制度化したものですが、これこそが人をシャーマンにする条件なのです。

　シャーマンになるには、三つの契機があります。第一に他者になる前に、他者の身体と二重の帰属（人

浄化儀礼中のトゥバ人のシャーマン。ロシア、トゥバ共和国キジル市、2002年

間と霊的な帰属）を同時に獲得した場合。第二に非人間との友好関係の確立、つまりシャーマンとして選ばれてしまった場合。そして第三に新シャーマンの非人間との親しい関係が社会的に認知される場合。この関係は、伝統的にシャーマンに付随してきたものです。

したがってこれら三つの契機が、シャーマンとしての機能を得るプロセスを構成し、規定することになります。このプロセスは社会によっても個人の人生によっても異なります。上の三つの契機は、最初のシャーマニックな経験の中で同時に起こることもあれば、精霊からの召命によって明確に決定される場合もあります。この召命とは、シャーマンになりたいという個人的希望や、所属する集団に選ばれたことを受け入れるプロセスのこと。次のプロセスが霊的な選択で、シャーマンになることを宣言します。そして最後が特定のシャーマンに弟子入りする段階です。

当人の属している社会の社会・経済構造とは関係なく、シャーマンの召命に至るには、三つの方法（モダリテ）があ

ります。一つはシャーマンの能力の継承です。シャーマンになるということは、非人間との結びつきに関わることなので、継承だけでは不完全です。シャーマンの息子だというだけでシャーマンになれるわけではありません。祖先霊との出逢いが必要となります。祖先霊は、始原の結びつきを引き受ける者であり、見習いシャーマンを自己変容へと導く血統によって受け継がれてきた精霊です。祖先霊との出逢いのためには、訓練も必要となります。二つ目の方法は、個人的にシャーマンになる道を選択することです。それは、シャーマンの名声への憧れや近親者を不幸から守りたいという願いと関係があるでしょう。最後の一つは一連の兆候です。この兆候を、シャーマンや経験豊かな身内が、当人と関係を持ちたい（同盟関係を結びたい）と願う精霊の意志であると解釈し、召命の宣言へとつながります。召命を引き出す（あるいは促す）ために、周囲が当人を子どものうちからシャーマンの道具などに触れさせ、儀礼の技法を教えることも珍しくありません。

モンゴルの精霊を呼ぶシャーマン、エンフトヤー。
レティシア・メルリ、2019年

こうした分類は、文化人類学にとって厳密なカテゴリー分けとは言えないでしょう。むしろシャーマニズムとの多様な出逢いを感覚的に把握するための手段だと言えます。つまりこの分類は、従来のフィールドワークにおける観察のあり方とは一線を画したシャーマニズムとの出逢いを可能にするためのものです。本書の共著者のソンブランが体験したようなシャーマンのイニシエーションへと導く手段なのです。

私たちの興味を引くのは、こうしたシャーマンが優れた知性を持っていることと、そしてトランス状態に入って多くの非人間と交渉する力を持っているということです。さらにシャーマニズムが一つの社会から別の社会へと広まり、他者に対しても適用されることにも興味を抱いています。

人類学者ジャン=ピエール・ショメイルは、以下のように述べています。「シャーマニズムでは、何でも起こりうるのだ。シャーマニズムは、あたかも他者との関係を通じて活性化するかのようだ。変化のたびに新たな顔をまとい、新たなダイナミズムを経験する」。

と言うわけでシャーマニックな社会は、太古の模倣でもなければ他者からの押しつけでもない、独自の形式を巧みに発展させてきました。その結果として、シャーマンは個人で独自のスタイルを生み出します。つまり新しい文物と出逢ったり、興味を持ったりすることを通じて、新たな技法を編み出すのです。また起こった出来事に対して唯一無二の説明をほどこしたり、びっくりするくらいオリジナリティがあふれる世界観を提示したりします。このようにシャーマンは新たな可能性を開拓しつづけているのです。だからこそ、新しい問題や災厄に対応することができ、それらをコントロールすることも可能となるのです。そしてその名声も更新されつづけているのです。

「3度皮を剥がれれば、偉大なシャーマン」(シベリアのサハの人々のことわざ)

「3度雷に打たれてシャーマンとなる」(ペルー、クスコ地方。アンデス高地のことわざ)

「サタンが道具として選んだ者たちは、若い時に病気にかかり衰弱する。そしてたくさんの憂鬱な幻覚を見る。彼らはそれを受け入れて、その感覚を一部、維持するのだ。また病気がぶり返すと、幻覚も一気に戻ってくる。そして病気は、以前よりもさらに強く身心を支配する。これが3度繰り返されると、彼らの病状は悪化し、精神をむしばむ。あらゆる幻覚や悪霊が再び現れ、その人に憑りつく。妖術の中で彼らは狂ってしまう。そうして彼らはシャーマンの達人になる。達人は太鼓がなくても、奇妙なものを見たり、他所で起こっていることを見通したりできる」(サーミ人についての聖職者ヨハネス・トルネオスの言葉、17世紀末)

アンデスのシャーマン、
アルトミサユクの
フェルナンド・
シルバ・モンロイ。
夢で見た精霊アプー、
ワマンシンチを描いている。
クスコ、2000年

トゥバ人のシャーマン、カラオール・トゥリュシェヴィッチ・ドゥングンオール。
南シベリア、西サヤン山脈にて。ウラジーミル・ドゥブロフスキー、2002年

commencement des signes

はじめに兆しがあった

「時に未知のものは人を驚かせる。
突然影が裂けて、目に見えないものが現れ、そして再び閉じる」

ヴィクトル・ユゴー『海の労働者』

ネズエラの先住民ワユーの間では、魂が誘拐されて病気になることを「ワヌルーシラー wanülüüsiraa」と言います。「精霊ワヌルー wanülüüの狩りの犠牲になる」という意味です。これを治すことができるのはシャーマンだけです。シャーマンは補助霊ワヌルーの助けを借りて、ラプー Lapü、すなわち夢のもとへ向かいます。この社会では、シャーマンになることは徐々にプラスー pülasüになることを意味します。プラスーとは「聖なるもの」を指す言葉です。同時に、「ある種の動物性の食物が食べられなくなること」を指す言葉でもあります。この動物性食品に対する嫌悪は、将来のシャーマンが生み出されるための重要な兆しの一つです。そして動物性のものが食べられなくなることで、別世界—これもプラスーと呼ばれるのですが—へ通り抜けていく力を得るのです。

病人のもとに呼ばれたシャーマンは、以下のような歌を歌います。

「これは獰猛な精霊ではない。彼女は死ぬことはないだろう。彼女の上にいるのは、善良な精霊だ。豊かな精霊だよ。ウツェーシ！　彼女はシャーマンになることを好んでいるのだ」

このように精霊による召命が宣言されると、夢はさらに具体的かつ頻繁になります。そして予知夢を見るようになります。それでも、オウクタプナワー ouktapünawaaと呼ばれる臨死体験の瞬間を迎えるまで、別世界とのランダムかつコントロール不能のコミュニケーションがつづきます。「今や、すべてが熟し、準備が整った」とシャーマンは歌います。ミシェル・ペランが逆転と呼ぶ、病因の霊が補助霊となり、女性は精霊との媒介者になることがタバコにより実現するのです。

覆いくるむ儀礼を行うワユーのシャーマン。
コロンビアにて。ニック・マルティネズ、2016年

はじめに兆しがあった。新約聖書『ヨハネによる福音書』は「はじめに言があった」ではじまりますが、シャーマニズムは「兆し」ではじまるのです。その兆しは、性格上の特徴や空想癖として現れます。また孤独を好んだり、歌に向いていたりといった兆しもあります。それから動物性食品に対する嫌悪も兆しの一つです。精霊の言葉やクリアで予言的な幻視、夢について報告するといった兆しもあります。これらの兆しは、断食や長時間の不眠、向精神性植物の摂取などによって誘発されるのです。

こうした幻視や夢は、共同体にかかわる内容と視野を持っています。例えば、狩猟の旅の時に経験した感情を聞き手たちと分かち合い、語り手となっていくのも兆しです。このような紋切り型の兆しを、すぐさま召命を引き起こす出来事と見なすべきではないでしょう。むしろ別世界への接近やシャーマン選出が進行中であると見なすべきです。

コロンビアの先住民マクナの人々の間では、焦げた魚に群がるハゲワシのように死体に群がるウジ虫の光景を見た者は、何かが自分に起こる予兆だと考えられています。その者の両親は、我が子の魂はハゲワシにより盗まれ、人間からハゲワシに変身しているところだと理解します。逆もまたしかりです。つまり当人は、結局は同じことですが、本当にシャーマンになる過程にあるということを意味しているのです。

シャーマンになるということは、精霊たちを探しに出かける、あるいは彼らの呼びかけに応えることを意味します。シャーマンになるということは、深い落胆や身体的苦痛、激しい怒りの感情を経験することからはじまります。そしてシャーマンになる人は、精霊の哀れみや同情を誘うため、すっかり弱りきって打ちのめされているかのように見えます。あるいは精霊がその人物を苦しみにさいなませ、悲惨な状況に追い込むことで、自分たちの意思を思い知らせているかのようにも見えます。そうであるならば、シャーマンになるということは、情報を蓄積することではなく、精神を開放することだと言えるでしょう。そしてそれらによって生じる自身の言行やさまよいの危険性を受け入れることなのです（詩人ケネス・ホワイト）。

またシャーマンになるということは、恐ろしくもラディカルな、道を見失う感覚を受け入れることです。それは、もはや自分が自分自身でもなければ人間でもなくなり、野生動物や非人間たちに隷属化することでもあります。その結果も不確実なものでしょう。また、それはイニシエーションの高揚感の中で、予期せぬ生の体験を通じて他者性に辿り着くということでもあります。この経験は普通の人生のなりゆきを修正し、その人物を不可視の者へとする道を開きます。

このシャーマン成巫過程では、死からの復活によって身体が再構成され、それにつづいて消滅するという観念があります。この霊的なイニシエーション体験の中で重要なのは、身体の段階的再構成という考え方が見習いシャーマンの心に深く刻み込まれていくということです。候補者の身体は、ばらばらにされて精霊によって食いつくされます。そして炎によって別の身体がつくりあげられるのです。その時、精霊は、候補者の身体に一部を付け加えます。たいていの場合は骨なのですが、実際シャーマンは、付け加えられた骨を確認したりします。

多様な可能性へ向かって……。

テワ（プエブロ・インディアン）の男性。
人間に道を示す夜明けの精霊にトウモロコシ粉を捧げている

シャーマンが呆然としていたり意気消沈したりしている時、あるいは無気力や唖然とした状態にある時は、明らかに非人間の意思が働いています。これは自己の守護霊を探求する時の頑固な態度とは異なるものです。この場合の頑固さは、シャーマンになろうという主体的意志です。シベリアのエヴェンキ人たちの間では、上半身を絶えず揺らしながら、精霊が耳もとでささやく言葉を口ずさみます。これは精霊からの呼びかけの印であり、その人物が精霊を受け入れた証でもあります。選ばれた者は、霊を呼び出すことを受け入れるわけです。また精霊との関係づくりの方法の学習でもあります。同じくシベリアのチュクチのシャーマンは病人に「このざわめきが聞こえるか。これは、お前の精霊が通っている音だ。ものが当たる音が聞こえるか。これはお前の精霊がその小さな足で、太鼓の上を歩いている音だ」と問いかけます。

　アマゾン河流域で暮らす先住民アワユンの間では、向精神的な陶酔は植物霊のささやきや歌に由来すると考えられています。その植物霊は、人間の霊になるまではその人の背中にいるので見えません。人類学者ピエール・デレアージュがアマゾン河流域のシャラナフア人について論じたところでは、彼らにとって学習とは、身体内からくる歌や別の歌い手の模倣と捉えることができます。人間の歌い手は容器でしかなく、非人間である別の発話者がこの容器を通して歌っているというのです。

　初期状況から想定しうる二つの結果があります。一つは、シャーマンの介入がこれを逆転させること。それによって、その人物は目に見えないものの支配から解放されます。もう一つは、進行中の変容（その人物を別の存在へと変身させてしまうような強力な変化）が解けないまま、シャーマンがその人物を自分のよう

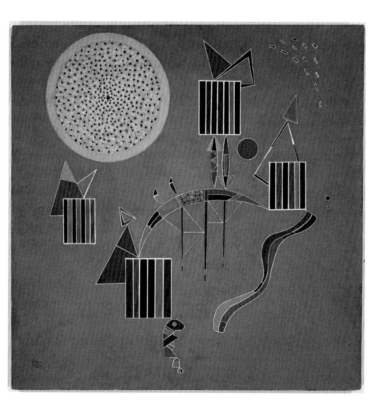

ワシリー・カンディンスキー《親密なメッセージ》1942年

136

なシャーマンにしようとすること。当人はこのシャーマンか、たいていは別のシャーマンに教えを受け、一連のイニシエーション儀礼において修行をし、乗り越えるよう努力することになるのです。

見習いシャーマンとなった人物は、森や氷原で道に迷ってしまいます。普段から方向感覚の鋭い人なら、これは精霊の仕業だと推測できます。この人物は野生化しますが、誰かによって変えられたのではありません。自ら他者に変わってしまったのです。当人には、外見にも身体にも変化が起こります。数日後に戻ってきた時、服は破れて薄汚く、髪はぼさぼさで、血で汚れています。また当人の中に入ってきた精霊たち、つまりクズリ（イタチ科の動物）やオオカミ、ヘラジカなどの身動きを完璧にまねることもあります。

ただし夜に森や岩で突然恐怖に襲われ、失神した時は別です。この場合は、土地の主（精霊統御者）が見習いシャーマンに憑依し、「お前をシャーマンに選んだ。私はお前の仲間だ」と宣言します。別の言い伝えでは、帰ってきた見習いシャーマンは青白い顔で、やせ細っており、彷徨中にイニシエーションで八つ裂きにされたことがうかがえます。森で時間を過ごすことは、精霊たちの世界に滞在することだと考えられています。こうした野生化は一見狂気を感じさせますが、実際は違います。この野生化への志向性については、社会集団ごとに何がシャーマンになる兆しで、何が病気なのかの定義がなされています。しかしたいてい、言い伝えの中で非人間によってもたらされるとされています。「たいてい」というのは、人間側があえて森や氷原で彷徨する場合もあるからです。この場合の彷徨は、霊的な探究の旅ということになります。

シャーマンになりつつある者は、最初の兆しから次の儀礼を迎えるまで、常に二つの問題点と志向性（意思）の間で揺れ動きます。つまりトランス儀礼においては、霊魂を外から捕まえるのか、それとも自らの霊魂を癒すのかという揺れが中心的な問題となります。またシャーマンを男性霊の属性を持つシャーマンとして認識するのか、女性霊的属性のシャーマンとして認識するのか、という意思の揺らぎもあります。

またシャーマンの召命の背景として、憑依儀礼を行う行為主体は、社会的存在としての人間ではなく、精霊なのだという観念があります。けれども、トランスが頂点に達した時にも、シャーマンが別のものになった時にも、儀礼中に精霊が現れた時でも、儀礼に従って決まりきった所作を繰り返すことも可能でしょう。そこでポイントとなるのが、シャーマンの腕前、すなわち実際の治癒力です。シベリア全域では、突然倒れたり無気力に襲われたりするシャーマンは、必ず専用の場所に行って横たわります。そこは鹿の毛皮の小さなカーペットで、地上の空間を表しており、霊はここから別世界の旅へと飛び立つのです。こうしたことは学習を通して身に着けます。

そのため見習いシャーマンは、長期間、自らを人間社会の周縁に追いやるというプロセスに入っていきます。ここでいう周縁とは、占いによって定められた野生の空間や聖なる空間のことですが、精霊が棲みついている場所が望ましいとされます。このプロセスにおいて、隠遁時間の長さや試練の強度といった学習の深度と力の獲得との間には、直接的な関係があります。こうした中で見習いシャーマンは、多くの場合、師匠シャーマンの指導のもとで、自発的に様々な禁忌を設定して修行を行います。そして試練を受け入れ、幻覚と出逢うまで修行をつづけるのです。ここでの修行とは、蒸気浴や冷水浴による浄め、植物の芳香による燻蒸、断食や断眠、無意味な身振りの反復などです。例えばイヌイットたちの間では、何時間も二つの石をこすりつづけるという反復修行や、様々な効用のある薬草の摂取が行われます。シャーマニックな物質や補助霊などは、すべて意図的でイニシエーションにとって価値のある存在です。見習いシャーマンは、これらの存在と一体化していきます。こうして普通の人間としての存在を世界に向かって脱構築していくのです。それと同時に、見習いシャーマンは別の身体を構築していきます。そうした中、非人間/精霊の意図によって、見習いシャーマンは野生動物化していきます。すなわち他者へと変貌していくのです。ここで行為主体性が逆転します。つまりシャーマンを導いた非人間（精霊）から、野生動物化しつつある見習いシャーマン自身が変身儀礼の行為主体となっていくのです。

137

corps l'autre

異なる身体へ

「老婆は彼に鹿皮の服を渡した。そこには動物や魚が描かれていた。
彼がこれをまとうと、服は彼の身体に完全に入り込んだ」

シベリアの先住民ニヴフの言い伝えより

シャーマンの身体は、様々な物体や物質を入れる容器だと考えられています。例えば余分な骨、水晶、投げ槍、かぶりものなどの物体や、植物性物質やシャーマニックな物質です。そしてこれらの物体には主がいます。その主である補助霊や物体に付属した歌なども、シャーマニックな物質という概念に含まれています。

これらの物体や物質は、学術的な文献では共通して「シャーマニックな力」という用語で呼ばれています。シャーマンたちは、このシャーマニックな力を自らの実践の中で活用します。人類学者のシャルル・ステパノフによると、いくつかの社会では、補助霊は「蚊の大軍」「軍隊」のように多数に存在します。あるいはダビ・コ

ペナワは「あまりにもたくさんで、目では確認しきれない」と記述しています。この補助霊たちは、彼らがつき従う霊的な味方たちの中でも卓越した存在です。彼らは一時的にあるいは普段から、シャーマンの身体やその延長である衣装や太鼓、精霊の依代（シベリアでは、精霊オンゴンの布紐や人形、鳥の像をあしらった柱）の中に住んだり、シャーマンの家のハンモックにぶら下がったりしています。ロランス・ドゥラビによれば、アクセサリーは招かれた精霊がすわる椅子であり、アクセサリーが一つ増えれば、補助霊も一つ増えることになります。またドゥラビは、補助霊はシャーマンの力を増大させるだけでなく、そのシャーマン自身を生み出すと指摘しています。

南シベリアのトジュ地方のトゥバ人シャーマン。
P. E. オストロフスキーのエニセイ川流域の旅行アルバムより、
1894 - 97 年

シベリアのサハの人々の間では、シャーマン儀礼の前夜に男たちが急ごしらえで枯木を彫って鳥をつくります。枯れ木は、風や雷で倒された木を使います。その鳥の像を「ビリッタル・オロフトル bylyttar oloxtor」と呼ばれる柱の上に設置します。この「雲」を意味するビリト bylytという語は、「動き」や「さまよい」「狂気の精霊」といった意味もあります。柱は7本から9本あり、順を追うに従い高くなり、高い柱ほど鳥も大きくなっていきます。柱同士が綱でつながっている場合もありますが、これはシャーマンが補助霊アマガト ämägät を伴って、天へ昇っていくための危険な道を表しています。補助霊はシャーマンの呼び出しに応じて駆けつけると、シャーマンの衣装や太鼓、馬頭の杖にぶら下がった金属製の依代やシャーマンの身体に入り込みます。そしてシャーマンを先導して飛翔し、最高神アイ・トヨンの座する第9天を見せるのです。ロランス・ドゥラビによれば、シャーマンはアイ・トヨンに悪霊アバーシ abaasyから奪ってきた病人の霊「クト kut」を預けます。そこで人間の魂は、光の鳥に囲まれ、聖なる木トゥスパト・トゥルー tüspät turuの巣「イヤ yja」の中であやされて、力を取り戻します。儀礼の間、シャーマンが腰かけると、オロホ olox（椅子）に着いたことを意味します。逆に立ち上がると、さらに上昇していることを示します。

一方、南米の先住民アワユンの人々の間では、シャーマンになることを「変容する」と表現しますが、その人物は、森に引きこもります。これがイニシエーションのはじまりです。食事は禁じられ、極限まで身体の浄化を追求することで、骨と皮だけになり、彼を人間たらしめている世界との関わりを忘れさせます。

最初の夜、師匠シャーマンはタバコの葉の水溶液を鼻から吸引して陶酔状態になり、長時間、補助霊パスク pasukに向かって歌います。そしてユアックjuakと呼ばれるタバコが混じった物質を手に吐き出すと、弟子に渡します。見習いシャーマンはそれを鼻から吸います。これが発酵し、彼の身体に痕跡を残すことになります。

その夜から二晩に渡って、師は様々な吹き矢（ツェンツァク）を吹いて、見習いシャーマンの頭頂部や口、喉、そして胸に刺していきます。3、4日後から何週間

もの間、見習いシャーマンは身体に取り込んだ物質と自分の身体のバランスを取るために、何もせずにひたすら煙を吸い、寝ます。絶え間なくまどろんだ状態に身を置くことで、シャーマンになれるのです。イメージを使うためには—これはアワユン語の表現の直訳なのですが、見習いシャーマンは、霊的な親族関係に伴われて水底に留め置かれます。そして水面に輝く光の波紋を通して世界を見ることを学びます。

イニシエーションもおわりに近づくと、師匠シャーマンは、青白い顔をしてやせ細った弟子を起こし、髪を切ってやります。そして弟子を病人のもとへ連れていくと「歌い方を教えてやっただろう。さあ、見せてみろ！」と証を求めます。ここで言う「歌い方」とは、精霊を呼び寄せる方法や見えないものを見る方法、そして病人を治癒する方法でもあります。弟子は苦い飲みもの、つまり向精神作用のある飲料を飲み、歌いはじめます。

「ウイ、ウイ、ウイ、ミナイアイ、ウィ、ミナイアイ、ワア、ワア、ワア」

サハの精霊の依代、19世紀中期。アビ（鳥）は空と水の世界を結びつける、シャーマンの主要な補助霊の一つ。尾に穴が開いていて、柱に通すことができる

140

ジャン＝ミシェル・アトラン《無題》1945年

この歌における間投詞「ウイ」は「私」、「ミナイアイ」は「行く」、「ワア」は敏捷で活発な感覚を意味します。

「新しい吹き矢のように、私は嬉々として行く／歌ったり冗談を言ったりしながら、私は行く／太陽の息子のように、冗談を言いながら／見つめることのできない太陽のように私は行く／私は小さな太陽だから／私は行く……」

このようにして、シャーマンになることが現実として経験されるのです。この現実は、身体が変容したり精霊に対する独特の知覚を獲得したりすることで認識されます。この知覚の獲得は、向精神性の飲み物の作用によって引き起こされます。そして身体の不調、知覚の変容が起きるのです。

シャーマンの身体は、物体や物質の入る容器だと考えられています。時にはものすごい数の物体や物質が入れられます。こうした物体や物質が他者との関係を変化させる時こそが、儀礼による変身の条件が満たされた時です。これらの物体や物質が、人間を魔術師に変えるような意思や主体性を備えた存在だと考えることはできるでしょうか。あるいは、もしその利用法をマスターできないならば、死に至らしめたりするような物体や物質だと考えてもよいでしょうか。この物質利用の能力の獲得や伝達については、シャーマニックな物語の中で書き残されてきました。それは、人間と非人間がお互いにゆっくりと親密となっていく物語。それがイニシエーションの問題点です。もっと正確に言うならば、イニシエーションにおける試練に次ぐ試練の中で、いかに恐怖を使いならすかという問題です。この試練では、師匠が弟子の身体に様々な物体や物質を取り入れさせる場合もあります。食事をめぐるタブーや一生を通じての様々な禁忌もこうした試練の一つです。あるいは、その試練がスピリチュアルな旅である場合もありますが、それらは精霊や神々によって課される試練だと言えるでしょう。この場合、精霊や神々の声は集団で聞こえることが多いのです。

バスクと呼ばれる補助霊を呼び出すペルーのシャーマン、ヒルベルト・ベルメオ・チュインタ。アマゾナス県のニエバ区にて、2018年

Une élection

精霊に選ばれる

「空には裸の生き物や裸の男女がたくさんいて、突進したり、

疾風や吹雪を持ち上げたりしている。羽ばたく鳳の翼のように、

空気が音を立てている。お前たちには聞こえないか？[中略]

自然界のエレメントの精霊が嵐を吐きかけている。[中略]

裸の一団の中に風が通る穴だらけの身体を持つ者がいる。

見よ！ その身体はまるでふるいのようで、その穴から風の口笛を吹いている。

ティウ、ティウ、ティウ！ お前たちには聞こえないか？

この者は、風の旅人の中でも最も強い力を持っている。[中略]

けれども私の霊はこれをとめることができる。[中略] 私の霊は打ち勝つだろう！

ティウ、ティウ！ 風の音が聞こえないか？ 嵐や暴風の精霊が見えぬか？

彼らは大鳥の翼のうなりで私たちを吹き飛ばすのだぞ」

探検家クヌート・ラスムッセンが記録したシャーマン、キギウナの言葉より、1932年

シベリアのエヴェンキ人たちの間では、マンギと言えば、ヘレクシェの地の主（精霊）のことです。そこには、シャーマンたちが死後、動物の姿となって暮らしていると言われています。このシャーマンの霊魂のことをハルギと言います。見習い

シャーマンは、タイガで一人きりになると、マンギが彼の魂（ハルギ）を導いて伝説のエングデキト川を下流に下っていきます。そして地下世界に着くとマンギは、シャーマンの木の根の間に見習いシャーマンの魂（ハルギ）を置いて立ち去ります。すると動物の母オニンダ

シベリア、コミ（タイガ北部）

ルがハルギを飲み込むと、彼をヘラジカ、トナカイ、クマ、アビ、ガン、ワシなどの動物の姿に変えて産みます。

シャーマンの分身である動物は、儀礼の間、最強の補助霊となります。この儀礼上の試練が成し遂げられると、シャーマンの木が生えていた山はテントへと姿を変えます。そして動物の母は老婆に、亡きシャーマンたちの霊は衣服や覆いを脱ぎ捨てて、可視化された人間の姿に変わります。そこでシャーマンは、見習いシャーマンの身体をばらばらにし、炎で鍛錬して、新たな肉体を与えます。新たな肉体を得た見習いシャーマンは意識を取り戻し、タイガから出てきますが、その顔は青白くやせ細っています（歴史家A. F. アニシモフの報告を引用したロランス・ドゥラビの記述より）。

この霊的なイニシエーションに関する手短な記述を読むと、変身とは非人間が人間の姿を手に入れるための必要条件であることがわかります。見習いシャーマンの肉体は、非人間にむさぼり食われ、それにつづいて再生します。それは、見習いシャーマンが異なる主体の視点を受け入れたことを意味しています。山がテントに変わり、そこには交流することができる人々がいる。シャーマンは、そんな精霊たちの世界を知覚できるようになるのです。

シャーマンになる兆しや試練は、アイデンティティに関して独特の再帰性を生み出していることを物語っています。つまりシャーマンは、人間と非人間の関係性の中で二重のアイデンティティを持つのです。この二つのアイデンティティは、同盟のような関係と言ってもいいでしょう。別言するならば、この二つのアイデンティティは、自己の中に他者が存在するというあり方とも言えます。

自己の変容に対する恐怖とリスク。あるいは数多くのシャーマンたちの語りの中で、イニシエーションの病

太鼓の裏側。垂直の形の木彫りの取っ手がついている。これはエーズィ（äzi, アルタイ語で母）と呼ばれる太鼓の持ち主たる精霊を表している。帯、鈴が見える。シャーマンは憑依儀礼を行う時、新しい絹布をつけて太鼓を打ち鳴らす。絹布は精霊への供物であり、精霊は鈴の音に乗せて意思を伝える。モンゴル、20世紀初頭

静かな太鼓。守護霊の依代。天幕の上座にかけられている。垂直の取っ手は、木彫りの細い人形（オンゴン）となっている。脚は短くて平行。頭は大きく丸く、銅の釘が打ち込まれたところが目になっており、その上に弓状の眉が見える。シベリア、アルタイキジ、20世紀初頭

として捉えられてきたもの。そのような試練に立ち向かい克服することで、見習いシャーマンは、自分の目の前に見える幻覚や幻覚そのものに浸った恍惚状態から目覚めていきます。もし見習いシャーマンが、目に見える景色の急激かつ恐ろしい変化や幻覚を手放すことに同意するならば、その人物は、奈落の底に落ちつつある危険な時にも、助けられている、支えられているという感覚を得るでしょう。この景色は、有益ではあるものの、時には破壊的で、あらゆる感情の爆発を許すような自我の一部です。そして自分では対処不能な自我の一部でもあります。

　一方、南米の先住民アワユンでは、見習いシャーマンが遭遇する恐怖を克服して、恐ろしい幻影を棒で叩くならば、その幻影は鈍いうなり声を上げて爆発し、代わりに穏やかで慈悲深い精霊の姿が現れると言われています。シャーマンを選ぶ役割の精霊です。この選ぶ側の精霊は、透明な世界から姿を現すと、見習いシャーマンの中に入り込んで彼/彼女と同盟関係を結びます。そして見習いがシャーマンとして成巫したことを宣言するのです。

　どの国や地域においても、精霊との出逢いは包括的な経験です。ただし排他的かつ選り抜きの者だけができる経験です。非人間というラディカルな他者に眼差される中で、シャーマンになること。それがシャーマンの成巫儀礼における、精霊に選ばれて召命を受け入れるプロセスなのです。

　新米シャーマンが獲得した自己を統御する力は、師匠との関係の中で根気よく築かれてきたものなのか、精霊が執拗にシャーマンになるように要求して引き起こす発作によるものなのかは、はっきりしません。しかしこの統御力は、新米シャーマンが自己の経験を理解する方法であると同時に、彼の中で日増しに明晰さが形成されていることの証でしょう。

　シベリアのサハのシャーマンのイニシエーションでは、精霊が見習いシャーマンの身体をばらばらにします。精霊はまず頭を切断し、慎重に横に置きます。見習いシャーマンは自分の目で新たに自らの身体がつくられていくのを見つめていなければなりません。イヌイットたちの間でも同様で、見習いシャーマンは、ばらばらにされた自らの身体の各部分やもぎとられた骨々に

名前をつけなくてはなりません。自らを骸骨として見ることで、見習い者はシャーマン成巫の行為主体になりうることを示すわけです。

　このロジックに従えば、精霊に選ばれた時にすることは、身体の不調の統御です。シャーマン召命を知らせる兆しの苦痛は、精霊と見習い者の間に上下関係をもたらします。しかし両者は、儀礼を通じて対等の関係へと置き換えられていくのです。この苦痛をもたらす病因を探すことは、治療の前に行わねばなりません。何が身体に影響を与えているのか。そして不可視の存在は何を命じているのか。このような発想からわかるように、シャーマニズムでは、身体や健康の状態が、他者や非人間との間の二重の関係(再帰的・相互的な関係)によって維持されると考えられています。したがって、世界の中で起きる/世界そのものに関する、特別な事柄への対処法(治療行為を含む)は、すべて集団で決定するわけです。

　儀礼は、そのような思想を具現化したものです。実際、儀礼の場では、人間の意思も異世界に属するものだということが強調されます。同様に儀礼は、見習い者がシャーマンとしての能力を公に示す機会でもあります。ここで言う能力は、シャーマニックな技法や儀礼を使った意図的な再生という形で示されます。また精霊の仕事だとされる様々な経験をイニシエーションでマスターしたことでも示されます。

　このようなシャーマニックな能力の証明は、あくまで成功することが前提となっているのですが、まずは身体的な修行の実践につづいて起きる霊的な旅といった形を取ります。あるいは非人間が身体に憑依するという形や、雄弁にスピーチをするという形、託宣による占いといった形を取ったりすることもあります。

　人類学者アンヌ・ド・サールによると、ネパールの先住民族であるマガール人の間では、新シャーマンは、祖先の踊りと太鼓を打ち鳴らすことで成巫します。重要なのは、新シャーマンは儀礼の木の梢から宙づりにされたまま、収穫の良し悪しや天候、共同体の未来について村人の質問に答えなくてはならないということです。そしてかなりの割合で、シャーマンの評判は、この時の予言の精度によって決められてしまいます。

DEVENIR AUTRE

異人になる

カルロ《無題》1961年

シャーマンがいる社会では、天地だけでなく山、森、湖、川、泉、洞窟、岩、さらにアンデス高地の十字架や廃屋などといった人工物に至るまで、活気や生命力が宿っているとされています。これらは、エキゾティックで多元的な場としてイメージされます。つまり川や北極海の水面下、山の内部といった目に見える世界の下層には、目に見えない多元的なリアリティがあると想定されるのです。このような場は、多くの地形的な特異性を持っています。また人間集団や状況が自然の輪郭に反映されているかのような、異界を想起させる現れ方をしている場合が多いでしょう。

同時に、どのような視点を取るか、どのような説明の枠組みを採用するかで、世界は二重性を帯びはじめます。例えば、この世とあの世、目に見える世界と目に見えない世界、自然と超自然、人間が飼いならした空間と野生のままの空間といった二重性です。も

ちろん、これらの二重性の間に厳密な相同性はありませんし、三分割することもできません。しかし一度、シャーマンや精霊の通り道や交差路が重層的になっていると観念されると、垂直配列の世界観が起動します。つまり世界の階層や段が7層、9層、12層、さらに16層になっているとする垂直に重層的な世界観です。あるいは世界が斜面に沿って水平に位置している場合、川の流れの地形と結びついて、生命の起源や源泉が人の暮らす谷よりも上流にあるとする世界観が生み出されます。この上流の世界は、山と混同されることもあります。一方、中間世界は川辺の民が暮らす世界です。そして死者の世界は、下流や海、太洋に位置していると考えられたりします。

これらの世界の周縁では、過渡的な空間を配置することで、社会は居住地や牧草地といった景観を定義し決定づけます。こうして、これらの空間は文化的にその存在が認められるわけです。これに対応するかのように、野生の空間というものも、儀礼によって定義されます。

　南米のアンデス高地におけるアルカ alqaという用語は、「中断」や「不連続性」を意味します。例えばラマの毛でつくった2色の服もアルカですし、白黒のハヤブサはアルカ・マリと呼ばれます。一か所にある光と影や山の斜面の角度が急激に変化する場所もアルカです。このような斜面はシャーマンによって特別な場所だとされています。そしてシャーマンは、斜面で何者かをなだめるかのようなしぐさをして供物を供えるのです。なぜなら彼らによると、この場所であるものが別の存在へと姿を変えてしまうからだそうです。アルカは過渡期の現象の一種だと言えるでしょう。またカキャqhaqyaと呼ばれる雷は、シャーマンになる人物に3回落ちることで知られています。雷は、山の神の意思を表していると同時に、シャーマンを生み出す存在でもあります。そして雷は、人間の身体に入り込むことで、生命力を活性化させるのです。

カラシュ人の祝詞詩人。彼は言葉を巧みに使い、羊の大群と、地に影を落とす雲を比べる。彼は祭りを催す者を指して「その大胆さと寛大さは、天空を反転させ、神々を驚かせる」と語った。パキスタン、ヒンドゥークシュ山脈にて。
ヴィヴィアーヌ・リエーヴル、1982年

1度目の落雷では、身体がばらばらになり、頭が切り離されます。「突然倒れる」「捕まえられる」といった経験を指す言葉は、自分の身体や人間集団から一時的に離れることを意味しています。雷を受けた者は、山の乳房（ウルク ウクビ）の中へ連れていかれます。そこでアンデス山脈の精霊アプーと出逢い、新たな能力を授けられます。山が高ければ高いほど、氷河（あらゆる豊穣の源）も大きく、シャーマンもより強力になります。2度目の落雷では、身体が再び組み立てられ、3度目の落雷で意識が戻ります。ここにおいて人々は、雷に打たれた人物がヤチャック（シャーマン）であることを知ります。そして山との特別な関係を示すパワーオブジェクト（水晶、鈴など）を見つけます。そしてイニシエーション儀礼において、シャーマンはこのパワー・オブジェクトたちに語らしめるのです。あるシャーマンは「呼ばれるということは、精霊になるということなのだ」と語ります。この儀礼の過程では、新シャーマンが息を吐くたびに放電がなされているとされます。また真っ暗な儀礼部屋の中で補助霊が羽ばたきをするたびに、祝福がなされ幸運がやってくるとされるのです。

したがってシャーマンの身体とは、新たな生命力を吹き込まれた身体なのだと言えましょう。アンデス高地では先スペイン期においても、生命力の源泉を蓄積することができた者は、アンチャ・カマスカ ancha kamasqaという力強い生命力を持った人物になることができました。アンチャ・カマスカはシャーマンではありませんが、野生の領域から人間の暮らす領域へ、人間の世界から異界へと生命力を循環させる者でした。

一方、シャーマンは現代のアンデス高地では、アウキawkiやアルトミサユク altomisayuqなどと呼ばれます。民族学者アンリ・ファーヴルによれば、彼らは様々な能力を有しています。例えば、幽体離脱し、プナと呼ばれる高原を彷徨する能力。そして動物の姿に変身する能力。あるいは山の中に入っていき、山の神ワマニと「1対1で」話し合う力も有しているのです。

同じくヒンドゥークシュ山脈のカラシュ人の祭司ブダラクも、妖精の血が混じった羊飼いだとされています。またブダラクは、野生のヤギのみを生み出す力を有し、季節の祭りの際に共同体全体にこの力を行使します。そのあり方と異なるのが、デハールと呼ばれるシャー

トゥバ人のシャーマン、カンチル＝オール・サイリク＝オール。シベリアのアルタイ・サヤン地域。
ウラジーミル・ドゥブロフスキー、2002 年

マンです。デハールは、妖精たちと交信し、彼らの意思や叱責、災厄の原因などを直接伝えるのです。民族学者ヴィヴィアーヌ・リエーヴルとジャン＝イヴ・ルードによれば、デハールを特徴づけているのは、トランス状態に入って可視できるものの先にある何かを知覚する能力です。

　一方、サーンダティア（知る人）は、ペルーのアマゾン河流域の先住民ヤグアのシャーマン、アルベルト・プロアーニョに以下のように語っています。

「あらゆるものが植物霊の中に存在している。そのような植物の本質のことをハムウォ hamwoという」

　またタバコに関しても以下のように語ります。

「その煙は、ムバヤートゥ・リェプウィニュ mbayátu rëpwiñu、つまり精霊たちの食べ物が通る道なのだ。タバコはおまえの身体にしみ込まなくてはならないし、仲間とせねばならない。なぜならタバコは、おまえを望むところに連れて行き、ものを見せてくれるからだ」
（ジャン＝ピエール・ショメイル）

　ピエール・デレアージュによれば、シャーマン自身が精霊になる場合に限って、精霊が知覚しているものを知覚し、精霊が歌っている歌を歌うことができます。こうした身心の変容により、シャーマンは非人間が存在する所与の世界にアクセスすることができるのです。シャーマニックな認識論では、理解することとは、他者に変身することなのだと言えましょう。

Percevoir

知覚するということ

「ヤコアナは、声の正体が精霊シャピリだということを明かす力を持っている。
この樹液からつくった飲み物を飲むと、
精霊たちの騒がしい叫び声が聞こえるようになる。
そして飲んだ人も精霊になってしまうのである。
オママは、そこではじめてシャピリの名を呼んだ。そして息子に語りかけた。
『今度はお前がシャピリたちを連れてくる番だ。[中略]
彼らはお前のところに現れて、踊りを見せるはずだ。
そしてお前のそばに留まるだろう』。[中略]
オママの息子は注意深く父の言葉に耳を傾けた。
そして精神をシャピリに集中させた。彼は亡霊の状態になっていき、
ついに異なる者となった。すると精霊たちが美しく踊る様子が彼の目に映ってきた。
こうしてオママの息子は、あっという間にシャーマンになった。
あらゆる精霊と仲良くなれたからだ」

ダビ・コペナワ

シャーマンがいる社会では、秩序や身心の乱れの原因は、生命力があふれる不可視の存在に帰するものとされ、突然やってくる不幸や災厄に対しては、精霊との交渉が必要だとされます。と言うのも、人間が活動する環境は、非人間が暮らす空間との境界が曖昧だからです。それぞれの世界を隔てる区分はぼんやりとしており、無視されることすらあるのです。ジャン＝ピエール・ショメイルの言葉を借りるならば、自然と文化の関係は、断絶しているのではなく連続しています。だからこそ人間、とりわけシャーマンにとって、出逢った動物や人が本物かどうかを見極めることや、その志向性（意図）を知覚することは、不可欠なのです。例えば鳥がいつもとは違う歌を歌い、異常な色の羽やくちばしをしていたとします。それを知覚するだけで、十分に精霊のカムフラージュを見破ることができます。

ジャクソン・ポロック《輪を切る月の女》1943年

ワシリー・カンディンスキー《イントゥ・ザ・サークル》1911 年

　観察者の視点からすると、シャーマニックな社会で生きる人間にとって身体は、安定した実体でもなければ安全に守られた存在でもありません。それゆえに彼らは、変身譚や不安定なアイデンティティに関する物語に対して強く興味を持つのです。そして、だからこそこれらの社会では、身体を変容させてくれるようなモノや装飾に対する関心が強いのです。

　シャーマンの衣装や道具を例にしましょう。動物の歯や羽根、布切れや鏡や金属製の人形などが縫いつけられた外套や仮面を身に着け、精霊の依代になめし皮製の人形を使うのは、このためです。しかしこうした身体の不確実性は、単に他者（野生動物）

の身体への関心を引き起こすだけではありません。シャーマンの衣装は、その人物が見たもの（精霊）の姿であり、これから彼や彼女がなろうとする姿でもあるのです。

　前述のように、仮に南米の先住民マクナの人々が、ジャングルの中でウジ虫が群がっている人間の身体を見たとします。その姿は、まるで焦げた魚にたかるハゲワシのようです。この光景を見た者は、その人が重病にかかっているか、死んでいるのだと判断するに違いありません。あるいは結局同じことなのですが、その人はシャーマンになる途中にあると理解するのです。ですからシャーマンたちの世界で、人間の姿をした非

人間を見るというのは、たった一つのことを意味しています。それは、彼らは主体的な視点とはまったく異なる方法で世界を見ているということです。一方、我々は身体を所有しており、だからこそ主体性を持ってモノを見る機能を有すると考えています。

　シャーマニックな身体は、針やナイフで身体を貫かれても大丈夫な身体です。あるいは、邪悪なものをタバコの煙を通じて吸って吐き出すことのできる身体です。また、師匠シャーマンが吹きつける、普段は目にみえない吹き矢を受けとめる容器でもあります。そして、一時的もしくは永久に身体に憑依してくる精霊を受けとめる容器です。すなわちシャーマンの身体とは、身体内に様々な存在が入り込むことを許す身体だと言えましょう。一時的にモノが浸透可能な身体であるがゆえに……。

　1927年、トゥングース系のナナイ人のあるシャーマンは、ソ連の民族誌学者レフ・シュテルンベルクに以下のように語っています。

「シャーマン儀礼をする時、私を選んだ精霊アジャミとその補助霊が、煙や蒸気のように自分の身体の中に入ってきたんだ」

　シャーマンの身体能力は、私たちと環境との関係に変化をもたらす物質や余分な骨によって拡張します。人類学者シャルル・ステパノフによると、シベリアのハカス人の間では、シャーマンの身体の中心に穴が開いてそこから不可視のものが見えるそうです。さらに暗闇の中に置かれたり、縛りつけられたりした時、そしてシャーマンの衣装をまとった時、シャーマンの身体はラディカルな知覚の変化を引き起こします。ステパノフの言葉を借りるならば、シャーマンと不可視の存在との親密さは、身体の特異性に基づいているのです。

　人類学者ロベルト・アマヨンは、A. I. マージンを引用しながら、次のように述べます。シベリアのエヴェンキの見習いシャーマンたちは、亡くなったシャーマンから補助霊を獲得するのだ、と。この見習いシャーマンが自分の身体の中に補助霊たちを集めるのには、2、3年の月日を要します。まずシャーマンを選ぶ役割の精霊がシャーマンの身体の中に入る込むと、補助

ジェーン・アッシュ・ポイトラス《夢想家》
「私たちはアーティストとして、幻覚を見る呪医と同じようにふるまい、霊的な安らぎと共同体に対する信頼をもたらす。世界という感覚を活性化させ、強化していくことで」

霊を見つけるための道筋を指し示します。その後、補助霊たちは、耳や目や鼻や口からシャーマンの中に入り込み、その血を吸います。ひとたび補助霊たちが集まると、彼らはシャーマンの身体を盾のように守り強化するために、その身体を切り刻み組み立てなおします。その後シャーマンは、自身の夢の中に現れたヘラジカの毛皮をまといます。このヘラジカは、狩人が森で儀礼次第に則って屠ったものです。

　さてロベルト・アマヨンの分析によると、シャーマンは、ヘラジカの鳴き声や身体を揺らす様や競争するしぐさを「模倣」することで、完全にヘラジカと親密な関係を築いていきます。そしてシャーマンは、ヘラジカという他者の主観的な眼差しを完全に自分のものとして受け入れます。こうして最後にシャーマンは、大地を支配する女神エネカン・ブガに出逢うことになります。エネカン・ブガは人間や動物の繁殖を司り、豊穣をもたらす存在です。シャーマンはこの女神から生命の力「ムスン」を受け取るのです。

　一方、人類学者のエドゥアルド゠ヴィヴェイロス・デ・カストロは、アマゾン河流域の先住民社会のシャーマニックな活動は、人間と非人間、見えるものと見えないものなど様々な存在の眼差しを解釈することにより成り立っているのだと説きます。このためにシャーマンは、ある世界から別の世界へと移る能力や、変身して異種間の身体の障壁を突き抜ける能力を駆使するのです。

　またヴィヴェイロス・デ・カストロは、次のように指摘します。アマゾン河流域においては、人間や動物や精霊といった諸存在は、自身の生環境における主な要素があたかも文化的につくられ定義されたものだと見なしている、と。つまり動物であれ人間であれ、自分たちが生きていくために必要なものは、人間の目的を媒介したものだと理解しているということです。例えば殺された動物の血は、ジャガーにとってはキャッサバビールのような飲みものであり、亡霊が食すコオロギは人間にとっての焼き魚と同一視されます。ただし動物たちは人間のことを人間として見なしてはいません。ジャガー（つまり私たちがジャガーとして見ている存在）は、私たち人間を獲物、より正確に言えばペッカリー（ヘソイノシシ）として見なしているのです。人間はペッカリーの肉が好物なので、ジャガーも私たちを襲って食べるというわけです。ペッカリーも自分たちを

人間と見なし、食物であるヤシの実をあたかも栽培植物であるかのように考えます。そして人間たちのことを、自分たちを殺して食べる残酷な精霊だと考えているのです。

エリック・ナヴェによれば、カナダのオジブウェ人たちは、動物には友情や団結といった人間の性質が備わっていると考えます。動物たちは、観察した物事を推論し、集まって集団行動をします。それはオジブウェの人々が狩猟や漁労の現場で行うのと同じです。オジブウェ社会では、シャーマンを有する他の社会同様に、親族の絆や連帯感、アイデンティティは、血縁関係や身体的な同一性の絆に限定されません。

文化相対主義は、世界という共通の対象を想定しており、おおよその表象文化に無関心です。しかしこれと対照的にシャーマンを有する社会では、既存のものはそれが誰であろうと、世界に対して同様の関係を維持しています。変わりゆくのは、むしろ彼らが見ている世界の方なのです。事実、先住民社会では、とりわけシャーマンを主観化する中で、他の存在たちが意図的な態度を取るのは普遍的なことだと考えます。またそうすることで、人間の視点を多重化させる傾向があるという点においても特徴的です。

人間、動物たち、植物、森の精霊たち。こうしたすべての種によって共有されているのは、内省的な意識や極めて人間的な社会性です。これは一つの世界観だと言えます。また志向性（意思）を持つ異なる種族間の関係が実在していることも共有されています。そして異種族には、異なる存在のあり方や思考様式や行動様式があることも認められています。

一方、異種族間で共有されていないのは、身体的な特徴や同じ内容を伝える場合の表現方法です。これは異種族間関係が一気にできあがるのではなく、観察したり学習したりする時間と努力を要することを意味しています。そこで異種との違いを理解し、コミュニケーションを取るノウハウを学ぶのです。

シベリアのサハやエヴェンキ、アルタイ、ハカスといった民族のシャーマンたちは、トランス状態にある時や夢の中で、親族の狩人がタイガで動物を仕留める様子を幻視します。そしてその動物の毛のない皮でシャー

マンの太鼓を張る様子や、同様にタイガのカラマツの木で太鼓のフレームをつくる様子を正確に説明するのです。太鼓は完成すると、命が吹き込まれてシャーマンの乗り物となります。

太鼓は、サモエード系セリクプ人たちのシャーマンにとってはトナカイになり、サハ人のシャーマンにとっては豪快なウマになります。太鼓のばちは鞭になります。またエヴェンキ人のシャーマンにとっては、太鼓はボートとなり、太鼓の鼓手はボートのオールになります。そしてエヴェンキのシャーマンは、このボートに乗ってエングデキト川を下って冥界へと向かうのです。ケット人の間では、太鼓は雲だと考えられ、最初のシャーマンであるドーを天界へ連れていったと言われています。モンゴルのダルハド人たち間では、太鼓は座布団だと考えられています。ダルハドのシャーマンは、空飛ぶ太鼓にすわって旅をするのです。

シャーマニックな認識論では、精霊は次々と代わっていくものだと考えられています。つまり精霊は姿を変えるのです。夢の中で精霊は、同時に霊の姿や屠られた動物の姿で現れたりします。そして太鼓として現れたりもするのです。それゆえ太鼓のメタファーは、存在論的なカテゴリー分けである前に、まずは視覚や聴覚といった知覚によるカテゴリー分けなのです。それは、映像イメージであると同時に音声イメージでもあります。二重の意味で愉快なイメージだと言えるでしょう。そして儀礼においてドラミングと共にトランスに入り、二重にイメージを知覚するからこそ、シャーマンは変身が可能となるのです。

シャーマニックな社会における「精霊」という概念の特徴は、哲学者モーリス・メルロ＝ポンティが言う意味での「自己差異化」にあります。何か別の者になるという内在的能力や別の存在へと至る通路は、決して完成することがありません。このような考え方は、我々にとって奇妙であり、異質ですらあります。ともあれ啓蒙期の宣教師や観察者たちは、それぞれ理由の違いはあれ、怖れおののきました。精霊という概念は、私たちをひどく戸惑わせますが、シャーマニズムの核だと言えるでしょう。そしてシャーマニズムは、私たちに精霊／精神という概念についてこれからも考えつづけるよう迫っているのです。

159

Être en transe

トランス状態に入る

「私は太鼓を叩く／鳥たちが私のまわりに集まってくる／
鳥たちは空を旋回する／その翼の音に翼を傾けてごらん［中略］
私は鳥のダンスを踊るよ／私の翼をごらん／私はあちこちへと飛びまわる／
翼は風の中で安定している／私は空高く上昇する／
ウミワシと共に／カツオドリと共に」

ケネス・ホワイト『シャーマニック・テリトリー Territoires chamaniques 』

研究書や古記録では、シャーマンの深淵なる経験は、「トランス」や「変性意識状態（ASC）」「熱狂の状態」（18世紀）など、つまり神や悪魔の霊感として描写・記述されてきました。1724年、かつて北米先住民イロコイのところに滞在した宣教師ジョゼフ゠フランソワ・ラフィトは、以下のように書き残しています。

「異常なことを行う力は、［中略］精霊との交信に由来している。［中略］我々は、アランディウアネン arendiouannensと呼ばれる者たちが、明らかにこの忘我状態になるのを目にした。トランスはすべての感覚を結びつけ、それらを空中に浮揚させた。そして異人の精霊が［中略］彼らを熱狂状態へと導いていった。まるで古代の地中海世界の巫女シビュラのように、彼らは痙攣を伴った動作を繰り返す。そこで精霊は彼らの胸の奥に語りかけるのだ。［中略］こうした状態を見ると［中略］、この者たちの精神は憑依した精霊の中に吸収されたかのように見える。彼らはもはや彼ら自身ではない。まさに

彼らがこうした不思議なことを行っている間、彼らは自分の中にある何かを見たり、無限に違う方法で自分の外にある何かを表現したりしている」

ギリシャ神話に登場する女性セメレーの名は、ギリシャ語で「エクスタシー（脱魂/忘我）」という意味です。セメレーは、愛人である神ゼウスが雷光をまとった真の姿で出現した時、エクスタシーに達して燃えつきてしまいました。もう一人の女性エウロペの場合は、牡牛に変身したゼウスの姿を見て恍惚状態に陥ってしまいました。またバッカイやマイナスは、ぶどう酒の神ディオニュソスに霊感を吹き込まれ/憑依されています。同じくのちに聖地デルフォイの女神官となるピューティアやシビュラといった女性たちは、太陽神アポロンにより霊感を吹き込まれ/憑依されました。

エクスタシーという語は、ギリシャ語の「魂が身体から離脱すること」を意味するエクスタシス ekstasis、あるいは「自己を深く問うて普段の状態の自分を離れること」を意味するエク・イスタナイ ek-istanaiに由来しま

舞台『鳥の打ち明け話』（リュック・ペットン作）より

す。このエクスタシーは、複雑な恍惚感を表す概念です。つまり、激しい感情と、心乱れるような圧倒的な暴力性を同時に連想させるのです。またエクスタシーは、身体の不動と霊魂の旅という二重性を前提としています。

「奥深い違いがある」と考古学者イヴォンヌ・ド・シクは、ディオニュソス崇拝者の踊りについて語ります。「神のぶどう酒」を飲んだあとの彼らの踊りは、神の化身たる人物が神と一体化する様子を生で目にして熱狂状態になるのだと、ド・シクは述べます。これは狂気です。聖なる狂気であり、激高です。神に吹き込まれた霊感であり憑依であり、つまりそれがトランスなのです。ちなみにトランスの語源は、ラテン語のトランセオ transeo ですが、「通過する、渡る、向こうへ行く、変身する」という意味です。

中世では、トランスとは一種のパッサージュ（道、通路、通過点）でした。海を越えることや苦難を横断すること、つまりこの世からあの世へ通過することです。したがって、ここから派生して「大きな不安を抱えた状態」や「高揚している状態」を意味するようになりました。トランス状態に入るということは、それを乗り越えることでもあります。恐怖による麻痺や萎えや喜びによる恍惚を克服するということです。

一方、今日では、トランスは他者の経験を示す語として使われています。したがって文献の中では、おびただしい数の現象を修飾する言葉として使われます。つまり、それぞれの観察者が目にしたふるまいに関する雑多な情報として提供されているのです。例えばトランスは、不可視の存在との相互行為の方法であったり、個人の深奥なる体験を表していたりします。

トランスという概念に、学術書の著者たちがお互いにお墨つきを与えるのと同様に、シャーマニックな儀礼は多義的でお互いに影響を与え合って変化します。一般的に言うと、トランスとは体外離脱の感覚が得られる経験です。またトランスは、自らが精霊になることで得られる主観の転回の経験でもあります。自らが動物に変身することで、他者の主観的な視点を受け入れることだと言ってもよいでしょう。ただし非人間（霊や動物霊など）が身体に侵入してくる場合は別です。この場合、儀礼中、非人間はシャーマンの身体を借りて、

助言や治療、警告などを行うのです。

儀礼では、シャーマンが様々な身振りをしたり、巧みな術策を講じたりしているのが観察されます。これらは、シャーマンの霊魂が旅をしていることや、精霊がシャーマンに憑依し、現前していることを示すしるしなのです。つまり参加することで激しい感情がわき起こり、それが徐々に増していき、複雑な連動を引き起こす源となります。こうして異なる存在に変身する構造ができあがります。ここに三つの例を挙げましょう。

アンデス高地の女性シャーマン、アレハンドリーナ・エスカランテは、メサ（精霊に捧げる供物）の横でスツールに腰掛けていました。木のテーブルには鮮やかな色の布がかけられています。儀礼空間は暗闇の中なので、置かれているものの輪郭は闇に溶け込んで見えなくなっています。この闇の中でトランスは呼びかけと共にはじまりました。呼びかけは2回、口笛によって区切られていました。

最初の呼びかけは、クスコを囲む山々の中で最も高い山に捧げられたものです。シャーマンは、儀礼を行う許しを山に乞います。それを経て、山脈のすべての天使たちが風や鳥の姿で出現できるようになるのです。そして天使たちはシャーマンの肩に腰掛けます。

次の呼びかけは、大地母神パチャママに捧げられたものです。シャーマンは自分の霊魂を女神に委ねて霊的な旅に出ます。その姿は、16世紀の土着宗教の復興を目指したタキ・オンコイ運動のリーダー、フアン・チョクネを幾ばくか彷彿とさせました。彼は、目に見えない神に憑かれたと主張し、カゴに乗って空を飛ぶ力を持っていたのです（デ・モリーナ、1576年）。

次に女性シャーマン、アレハンドリーナはパチャママに対して、金と銀のポンチョをかけてくれるように要求します。それによって彼女の身体は、一時的に非人間たちの依代となるのです。最初の羽ばたきは、それほど長くありません。非人間たちは地底の奥底から現れ、シャーマンの足に到達します。そしてシャーマンは儀礼の参加者の目の前で、別の存在に変身しながら消えていくのです。最初は遠くに聞こえたものが、だんだんと強くなり、その存在感を増していきます。地下から地面にぶつかっていた音は、やがてはっきりと地上でぶつかり合う音となって聞こえてきます。

依頼者のベランダでトランス状態になったカム・マガール人のシャーマン。
ネパール、ルクム郡の村にて。アンヌ・ド・サール、2006年

こうして地下から這い出てきた精霊は、勢いよく空中に舞い上がるや否や、テーブルの上に着地します。一歩、また一歩と精霊は、バランスを取りながら危なっかしい足どりで進みます。これに対して、つづいて現れた精霊たちは、まったく自信に満ちた足どりでやってきます。実はこれらすべてのことは、数秒間の出来事です。最後に「ワンカ人たちよ、こんばんは。皆、元気にしているか」と話す男性の声が聞こえてきます。参加者たちは声を揃えて、「小さなお父さん、こんばんは。元気です」と答えるのです。

同じペルーでもアマゾン河上流域のジャングルに住む先住民アワユンの場合は、状況が少し違います。彼らのシャーマンの託宣は憑依ではありませんが、一人の人物の中に複数の志向性（意思）があることが認められます。つまりシャーマンは、その人物のままなのですが、同時に補助霊でもあるのです。そして身体は複数の知性によって動かされているかのようです。したがってシャーマンは、現実の世界が複雑性を持つものとして把握できるようになるのです。そして精霊のような透明な存在が、すべて目に見えるようになります。その一方で肉体や岩といった不透明な存在たちは、逆に透明になってしまいます。

補助霊パスクはイウィシン iwishin、つまりシャーマンではなく、単に「霊的人間（オム・エスプリ）」です。つまり彼の身体は他者というより、ユアック（師匠が自身の胃から吐いて弟子に与える呪物）や吹き矢ツェンツァクといった存在と変わりません。パスクは向精神性の飲みものであるダテム datem も飲まなければ、タバコも吸わず、儀礼用の枝葉の束で叩くリズムに合わせて歌うこともありません。パスクはタバコの生葉を搾ると、片方の鼻腔から大量に吸います。同じくもう片方の鼻腔からも吸います。そしてむせ返りながら腰かけると、ゆっくりと息を深く吐きます。これは補助霊パスクが彼の内部に存在しているのです。つまり憑依現象のように、人間と精霊が順番に入れ替わっていくのではなく、ここでは同時に精霊人間という存在になっているのです。

一つになった精霊と人間は「アユ、アユ、アユ、ウィ、ウィ、ウィ、ワア、ワア、ワア」と歌います。アユとは「これはいい！」を意味し、ウィは「私」、ワアは「油断のない、生き生きとした」という意味の語です。「彼らは空間から光を照らして、見つめているのだ」と、アワユンの著名な呪医ワルター・クニャチは語ります。この「彼らは」とは、「まったく異なる二つの主体の視点から」という意味です。なぜならシャーマンの身体はタバコによって変容し、非人間として立ち現れているからです。そして彼らは、こう語りました。「お前の息子の病気はこれこれだ。この植物を飲めばよい。誰々が家にやってくるだろうから、ビールを用意しておくがよい」。こうして1、2時間ほどが過ぎました。パスク（すなわち一つの存在であると同時に、目に見えないものを見る能力、なおかつ社会的役割、そして一言で言えばこれらすべてを兼ねるトランスというもの）は、去っていくのです。

最後の三つ目の例です。「ネパールのマガール人のシャーマン、ジャークリは精霊を自分の上に呼び寄せる」と、人類学者のアンヌ・ド・サールも記述しています。彼は背もたれのない椅子にすわり、あごをひざに乗せ、葉の束でリズムを取りながら歌います。リズムが速くなるにつれ、歌詞が聞き取れなくなります。そこでサハ・ジャークリは、一旦、歌を中断します。彼は、まるで速すぎるリズムに耐えきれないかのように震えますが、トランス状態をコントロールできるようになり、再び歌いはじめます。歌いながら、「鳥や風のような」精霊に、肩の上に留まるように呼びかけます。

ついに精霊がシャーマンの身体の中に入ってきました。シャーマンは身をかがめると、「打ちひしがれたかのように動かなくなった」とド・サールは記述しています。そして顔を太鼓で覆い隠したまま、鼻にかかったような声で話しはじめました。祖霊の声です。そして人々はシャーマンを通して、病気の理由や不満の原因をつきとめる（ド・サール）のです。儀礼がおわりに近づくと、シャーマンは跳ねまわりながら、家の中に跳び入ります。家から出てきたシャーマンの手には、一摘みの塵が握られています。そうして「トランスに似た状態は静まる」（ド・サール）のでした。シャーマンの語るところによると、この塵は、この家の者たちを病気にするために、妖術師が墓場から持ってきたものでした。

確かにシャーマンは唯一無比の存在です。ただしシャーマンは、神や精霊といった非人間との関係を聖職者が独占するような階層社会を除けば、例外的な存在ではありません。イニシエーション初期の苦悩

の局面から野生化していく自分をコントロールし、さらに他者を組み込んで劇場化した儀礼表現に仕上げていった過程を思い出しましょう。シャーマンになるということは、差異を理解し適応していくプロセスだと言えるでしょう。またシャーマンになるということは、今立ち起きているメタモルフォーゼの過程に身を置くことです。この変身の過程においてシャーマンは、人間の身体というモノを観察する立ち位置の縛りから解放されることで、非人間の視点から自然を体験するのです。そしてシャーマンになるということは、全身全霊を込めた活動たる儀礼を通じて、束の間ではありますが、意図的に見えないものを現実化していくプロセスでもあります。すなわち民族学者マルク・ルナールによると、連続して幻覚が通り過ぎる経験をしたり光景を見たりすることで現実感が厚みを増していくのですが、これらの経験を通じて現実化がさらに進行するのです。

実際、精霊たちは私たちを見つめる姿で表現されます。それは、「はじめに兆しがあった」という言葉にも表現されています。だから私たちは精霊たちの姿を見ることや、精霊を通じて他のモノや存在のイメージを見ることができるのです。

「我々ヤノマミ人の間では、こう言われている」。自らシャーマンであり先住民の代弁者でもあるダビ・コペナワは語ります。「精霊シャピリは、おまえたちが子どもの時は優しく見守ってくれている。そしておまえたちが大人になると、シャピリは試練を課すのだよ。そののちにおまえたちは長老たちの許可を得て、ヤコアナを飲むようになる。精霊たちは、おまえたちの目の前でダンスを踊って家をたてるだろう。また、おまえたちに道を切り開いてくれるだろう。こうして人は、本物の霊的人間（オム・エスプリ）となるのだ」。

仮にシャーマニズムが関係性の思想であり、外部からの思想であるのならば、シャーマンは本質的にそれを体現している存在だと言えます。シャーマンは他者と出逢い、関係を結びます。そして他者との出逢いの物語をつくります。しかしその他者は、いつもその他者自身とは異なる現れ方をします。例えば、森の動物と、シャーマンが語ったり演じたりする動物霊の姿が異なるように。

シャーマニックな儀礼は、人間の内部と外部の境界を曖昧なものへと変えます。ここでいう「内部」は、人類学者フランソワ・ラプランティーヌの定義によれば、身体ではありませんが、身体が示すものです。そして「外部」とは、外在するものではありませんが、内部を構成するための概念です。シャーマンの儀礼は、身体と世界、現実と想像の境界ににじみを入れ、シャーマンや精霊の姿を増殖させるのです。そのようなシャーマンがいる社会において知識とは、自然界と人間といった距離を置いた関係ではなく、生物種同士の関係のような親密なイメージを基礎にしています。

「シャーマニックな儀礼は、シャーマン本人とその対話者たる非人間という二者が、お互いに平行しながら変身していく波乱に満ちたプロセスである」と、民族学者パトリック・デセは記しています。つまりシャーマニックな儀礼は、野生動物（動物霊）が人間に変身し、人間が野生動物（動物霊）に変身するという相互に変身し合う関係を生み出すのです。こうした意味においてシャーマンになることは、不確実かつ偶発的、そして可逆的なものだと言えるでしょう。そして、精霊の特徴である不確定性の状態に身を置くとことだとも言えます。つまり精霊/霊魂という概念なしでは、シャーマンは存在しえないのです。

シェウアク・ペトラッシ《狐との会話》部分、1960年

付論　**トランスと神経科学**　コリーヌ・ソンブラン

TRANSE
et neurosciences
Corine Sombrun

Introduction

本章のための序文

　私は、1980年代、フランス国立科学研究センター（CNRS）の研究者としてのキャリアをスタートしました。まず取り組んだのは磁気共鳴現象です。そして核磁気共鳴画像法（MRI）に興味を持つようになりました。私は自身のキャリアを通じて、8つの磁気共鳴分光学センターの設立に尽力しました。「不可視」のプロセスから情報を抽出する方法を開発することで、物質構造研究や材料科学の分野に重要な貢献ができると考えたからです。

　当時、ジャン゠ピエール・シャンジューの『ニューロン人間』やアントニオ・R. ダマシオの『生存する脳　心と脳と身体の神秘』といった研究書が発表され、脳のメカニズムに関する研究は飛躍的に発展しつつありました。とりわけ多用されたのが、「イン・ヴィヴォ（生体内）」の画像を使った新手法です。こうした実り多き20年ほどの間に、人間の脳に関する従来の見解は、完全に書き換えられました。それによって人間そのものに対する見方さえも、大きく変わったと思われます。

　1995年、人間の脳の活動を撮影した映画とも言うべきファンクショナルMRI（fMRI）が登場し、私は大変感銘を覚えました。それ以降、画像化と分光学の間に位置するような新しい方法が現れました。それは脳科学にとって革命的な技術でした。つまり拡散テンソル画像（DTI）から、トラクトグラフィー（神経線維束画像）という脳内の異なる領域間の活動を同時に結合する研究法です。それ以外にも、私は神経伝達物質の画像化の方法、つまり脳の活動をカラーで再現する方法を研究しています。

　こうした中、2004年に、私はコリーヌ・ソンブランの最初の著書に出逢ったのです。彼女も脳の機能に深い興味を寄せていました。彼女自身、モンゴルを冒険する中で、思いがけずトランス状態に入る経験をしたからです。これは非常に珍しい現象だと言えるでしょう。なぜなら彼女が規格外の人間、すなわちシャーマンに属しているこ

とを示しているからです。ソンブランは、現実を合理的に見るという点において、私と価値を共有しています。呪術的な思考の入り込む余地はありません。ところが彼女は、モンゴルでオオカミに「変身」し、「精霊」と交信したというのです。彼女の脳に一体、何が起こっていたのでしょう。

　ソンブランは躊躇することなく科学的な答えを探すことにしました。そして彼女は科学者と協力することで、トランスは誰にでも起こりうる現象であることを証明しつつあります。また単に人間が望むならば、トランスを引き起こすことが可能だということもわかりつつあります。これは革命的なことです。なぜならトランスとは、認知機能を拡張させ、自由に使いこなすことなわけですから。さらにこの研究は脳のメカニズムを解明する上で多大な貢献をしていると言えるでしょう。

169

　このような事情から、私がパリのトランス科学研究所（TranceScience Reearch Institute）の所長職を引き受けたのは、ごく自然な成り行きでした。この研究所は、トランス現象を神経科学の見地から研究することを目的としています。かつて人類には、認知能力を拡張させるような予想外の力が備わっており、トランス現象はこうした人類の過去の能力が突然、出現したものだと考えられています。また合理的な意識と潜在的な直感が働くプロセスから、我々の能力が拡張する上で双方が関わっていることを示しています。その本質的なポテンシャルは、これから発見されていくことでしょう。つまりトランスとは、過去から映し出された、未来に向けた鏡と言えると思います。

　人類の脳の進化に関する研究において、今まで遺伝学が重要な位置を占めてきました。しかし今や、神経科学こそが、従来の定説を覆す可能性があるのではないかと思われます。そしてこのような研究を通じて、祖先の知識と現代の知識の間で異種交配が進んでいくのです！

フランス国立科学研究センター名誉所長、ルーヴェン・カトリック大学教授
フランシス・トレル

20年ほど前のことです。2001年、私はイギリスBBCワールド・サービスの企画でモンゴルのシャーマンを取材していました。私はシャーマニズムに関しては初心者でしたが、BBCラジオから依頼を受け、神秘的なシャーマニックな儀礼の核、すなわちトランスというものを視聴者と共に探ることになったのです。

　そんな私でも、人類学者たちが調査した世界各地の488社会のうち9割以上でシャーマニズムが恒常的に実践されていることは知っていました。また一般的にシャーマニズムは、打楽器やダンス、旋舞、時には向精神性の植物を用いてトランス状態に入ることも知っていましたが、当時の私が抱いていたシャーマンについてのイメージは、本書の共著者のボーが引用した20世紀初頭の観察者のそれとあまり変わりませんでした。「多くが、ほとんどヒステリック状態にあり、一部は文字通り半ば気が狂っていた」というものです。しかし結局、私は「ミイラ取りがミイラになる」ことになったのです。

　私はトランス状態に陥る経験をすることになるのですが、それに先立ち、モンゴルのシャーマンと彼らを取り巻く環境との関係、特に不可視の世界との関係に目を見張りました。シャーマンは私たちに、不可視の世界には精霊がたくさんいて、重要な役割を担っていること、彼らは一種の案内役で、シャーマンたちは彼らとの会話を通じて共同体の発展や保護のための有益な情報を得られること、「『つくり出す』のが不可能な利益（雨、豊穣、成功、幸運など）を手にできること」、同時に、環境と共生するすべを教えてもらうことを語ってくれました。

　オンゴドと呼ばれる精霊は、知覚可能な世界と彼らがつくり出した世界との間の調和を司り、「シャーマンの火花」を伝える役割を担っています。これは一種の才能のようなもので、この才能を受けた者は、二つの世界の橋渡し役となります。

まず浮かんだのが、シャーマンがどのような方法で精霊たちと会話できるのかという疑問でした。答えは単純、トランスです。モンゴルやシベリアの伝統では、シャーマンは太鼓を使ってトランス状態に入ります。太鼓は本物の「ウマ」のように、シャーマンを乗せて精霊たちの世界へといざなうのです。

と言われても、私には何のことかさっぱりわからず、儀礼に参加し、この現象の「被害者」になってはじめて理解しました。「被害者」というのは奇異に聞こえるかもしれませんが、太鼓の単純なリズムに影響され、意図せずして、私は内なる何かに突き動かされたのです。身体の知覚が変容し、私はオオカミになりました。実際にオオカミのような鼻や足を感じ、遠吠えし、うなり、自らの意志に反して予想だにしなかった状況に置かれたのです。ようやく「自分自身」に戻った私は、この経験に動揺しました。この儀礼を執り行っていたシャーマンのバルジルが語り、友人のナラーが通訳してくれたのが次の言葉です。

「我々ダルハドのシャーマンの伝統では、一つの儀礼に二人のシャーマンが参加することはできない。なぜなら、精霊が対立する恐れがあるからだ。（そして私を指して）儀礼の間、私は彼女を殺しそうになった。いや、私の精霊たちが彼女を殺しそうになったと言った方が正しい。私は彼女を傷つけたくなかったが、見も知らぬ女性がくるとは聞いていなかったし、シャーマンだとも知らなかった。なぜ前もって言ってくれなかったのだ。そのために二人とも死んでしまうところだった。彼女が強力なシャーマンであることはわかった。だから、彼女の精霊は私のダルハドの精霊、シャーマンを象徴する精霊についてきたのだ。彼女は偉大なるシャーマンの末裔で、そのシャーマンから影響を受けている。そして私のモンゴルの精霊が彼女の精霊に影響を及ぼしたということは、彼女は非常に強力なシャーマンなのだ。十分な力を持ったシャーマンにつけば、彼女は偉大なシャーマンになるだろう」

こうした言葉をかけられても、トランスを経験したショック状態が和らぐはずもなく、バルジルが強く主張すればするほど、衝撃は一層深まりました。そして精霊たちは私に一つの役割を課しました。私は彼らの教えを受け、かつての自分、すなわちシャーマンにならねばならないというのです。当然、私はとても信じられず、自分は精神が錯乱したのではないかと考えました。けれども、私は実際に経験をしたのです。私が育ったいわゆる「教養ある」文化や社会は、なぜこうした可能性を前もって教えてくれなかったのでしょう。なぜ私のいた社会は、この現象を真剣に研究せずに、切り捨てたのでしょう。

頭の中の混乱が収まると、私は自分がシャーマンの感覚を理解しているということに気づきました。シャーマンは精神錯乱者なのではなく、多くの人とは異なるのです。そしてシャーマンは、世界に対する知覚が違うのです。私は、私のことを「シャーマン」だと見なすモンゴル社会と、仮病者かヒステリックな錯乱者だとする自分の属するフランス社会の間で引き裂かれるような気がしました。そして、これまで自分の社会から吹き込まれたことを信じていた自分を恥じました。社会が真実と主張する事柄は信条にすぎないのに、事実だと思い込んでいたのです。まわりの人たちから、ヒステリックな錯乱者、ほら吹き扱いされたことも恥ずかしく思いました。私はそうではないと何度も主張し、説明しなければなりませんでした。そしてこの状態が私たち人間の状態の思いもかけない可能性を指し示しているのだと、フランス社会に理解してもらわねばならなかったのです。

彼らを説得するのに最も有効な戦略は何か。それは、彼らが受け入れる唯一の言語、すなわち科学という言語を使うことだと思われました。しかし残念なことに、この現象に関する科学的分析はさほど進んでいません。はじめて自分の経験を医師に打ち明けた時にも、精神分析医に相談するよう指示されました。

脳の機能に深い変化を起こしたのは太鼓の音に違いないと考えた私は、脳科学者に相談することにしました。当時は、脳波やMRIならこの現象を証明してくれるだろうと信じるばかりで、科学の壁がいかに厚いかを知らなかったのです。知識ではなく無知に基づいた社会規範を変えるには、相当な労力を必要とします。事実、これからお話する発見に至るまでには、実に20年もの歳月を要しました。

変性意識状態

　ピエール・エトゥヴノン博士は、私の話に耳を傾けて力になってくれようとした最初の人物でした。エトゥヴノン博士は、フランス国立保健医学研究所（Inserm）のリサーチ・ディレクターであり、理学博士号を持ち、プリンストン大学の研究員でもある方です。彼は早くも1970年代に、禅における瞑想や、ヨガが脳の機能に変化を及ぼしうることを理解し、論文を発表した先駆者の一人として知られています。

　脳画像法の進歩は、博士の仮説を裏づけるものでした。ウィスコンシン大学マディソン校ワイズマン研究所のアントワン・ルッツ教授が行った、1万時間以上の瞑想経験者を対象とした研究では、瞑想中、前頭皮質の脳波ガンマリズムの増加と頭頂部の活性化が確認されています。その他の結果でも、脳は従来考えられているよりも多くの病気に対処できる可能性が示唆され、注意散漫や不安やストレスなどに応用できる見通しが出てきました。そこでエトゥヴノン博士は、トランス状態も含む「変性意識状態 modified states of consciousness」は注目すべき現象であると考えたのです。

　博士によれば、変性意識状態は異なる三つのカテゴリーに分類できます。まずは「自然な」変性意識状態が挙げられます。例えば、夢や恋をしている時、インスピレーションがわいた時、人を祝福している時、ものを発見した喜び、至福の時、オーガズムを感じている時、激怒の瞬間、臨死体験などです。次は「自発的な」

変性意識状態というカテゴリーです。例えば、瞑想をしている時や祈祷時、催眠にかかっている時、向精神性物質を用いない霊媒やシャーマンのトランスでの意識状態などです。最後にドラッグや向精神性物質、病気が原因で引き起こされる「変質した」変性意識状態というカテゴリーが挙げられます。

　2006年にはじめてエトゥヴノン博士に会った時には、以下のような質疑応答がありました。

「モンゴルの伝統では、太鼓の音だけでトランスが引き起こされるのですか」
「はい」
「向精神性物質は一切使用しないのですか」
「しません」
「太鼓の音でトランス状態になるのは、シャーマンだけですか」
「モンゴルのシャーマンの伝統では、『精霊に指名された』人だけがそうした才能を備えているとされていますが、稀だそうです。目安として、2000年代初期の時点で、モンゴルの人口約300万人に対してシャーマンは30人ほどです（監修者注：実は当時、何百人もシャーマンがいたことが確認されている）」
「ということは10万人に1人ですね」
「ほぼそうです」
「ではあなたの太鼓の音を聞いても、私がトランス状態になる可能性は、ほぼないのでしょうか」
「先生がシャーマンの火花を受け取っていない限り、そうですね」
「太鼓の音でトランス状態に入るのがシャーマンだけというのは、どう説明しますか」
「私には説明できません」
「トランス状態の間、自分に起こっていることはわかりますか」
「はい」
「どのような感覚か説明してもらえますか」
「普通の状態の時よりもずっと力があり、苦痛はほぼ感じません。そして"私"というものに対する知覚が変わります。それは、最初はオオカミだったのですが、その後いろいろな動物や人物になりました。また空間と時間の感覚も失われ、目を閉じていても動物や顔、幾何学的なものが見えます。しかも驚くべきことに、感覚が上のレベルに達しているように感じられるのです。鋭敏さがもっと増すのです。例えば目は、相変わらず閉じているのですが、身体が見えてきます。ただし輪郭は、はっきりとは見えません。ある種の空間、"雲"が見え、その輪郭はいつもの広さの先へと広がっていて、より大きいのです。柔らかい部分や硬い領域が感じられ、形や色、調和のとれた領域（ゾーン）が見え、それに対して働きかけたいという抑えがたい欲求がわき上がってきます。そしてまるでオオカミのようにくんくんと鼻で臭いを嗅ぎはじめるのです。しかし臭いはしません。その代わりに耳障りな領域があるのを感じるのです。その領域に対して私の手が合図したり、ダンスしたりして反応します。そして両手が雲の中に入っていき、形を触り、手を加え、変形させるのです。いくつかの領域の中では、私は口で呼吸します。そして私の知らない言葉を唱え、知らない歌を歌

いはじめます。そして通常の意識状態なら出せないような音を出します。耳はこうした音の抑揚を確かめながら、どの時点でそれらが的確かを判断します。同時に、いろいろな情報が感じられるようになるのです。この状態では、脳が知覚を持った知性を獲得したように感じられます。通常の意識状態では見えない、あるいはほぼ見えない情報をキャッチするのです。あたかも現実を知覚する能力が拡張したかのような感じです」

「実際に見せてもらえますか」

　私は、太鼓は持ってきていましたが、衣装は持ってきていませんでした。トランスには必要ないからです。

　デモンストレーションがおわるや、エトゥヴノン博士は「知り合いの海外の神経科学者を紹介するので、脳波を測定するといい」と言いました。私自身も測定に同意しました。私がトランスを装っているのではなく、脳の機能が変化していることを証明できるかもしれない、と思ったからです。

　ただし一つ、大きな問題が残っていました。それは、トランス状態の脳波を測ろうにも、技術的制約から検査に太鼓は持ち込めないということです。さてどうしましょう？　エトゥヴノン博士は、意志の力だけでトランスを起こしてみてはと提案しましたが、モンゴルには、そんなことをするシャーマンは一人もいません。博士は、選択の余地はないと言いました。実験室に太鼓を持ち込むなんて、電極実験にゾウを連れてくるくらい無茶なことです。この実験には、動いてはいけないという制約もあり、身動きをコントロールしなければなりませんでした。私がトランス状態に入った時のことを考えると、この制約はあまりに現実離れしています。けれども博士が、「実験が達成できれば世界初になる」「研究所でこうしたトランス状態の脳波を測定した例は皆無だ」と言うので、私はどうすればいいのかさっぱり見当もつかないまま、「とりあえずはやってみます」と答えました。

　私はけがをしないよう、自宅のリビングでまわりのものをどかしてから、中央にひざまずき、太鼓の音を想像しようとしました。けれども何の変化もありません。これではお気に入りの音楽を思い出す時と変わりません。そこで私は、太鼓の音を聞くと必ず起こる変化をまねようとしました。つまり、鼻や手や身体の震えです。こうして何度も試行錯誤を繰り返していたある日、ついにトランス状態に入ったのです。

　訓練を重ねた結果、私は自分の意志でトランスを引き起こすことができるようになりました。どこにいても、どんな時でも、ほぼ身動きせずに、トランス状態に入れるようになったのです。

　エトゥヴノン博士のところで再びデモンストレーションをして見せると、博士もこれを認め、「実験適性あり」のお墨つきを得ました。数か月後、私はカナダのアルバータ州最大の精神科病院、アルバータ病院脳科学研究所、臨床診断研究センターを訪れました。

175

＊この章を再読してくださったピエール・エトゥヴノン博士に感謝申し上げます。

神経科学におけるトランス研究のはじまり

　この研究の最初の実験計画（プロトコル）を策定したのは、神経精神医、臨床精神医学の教授であり、アルバータ病院成人精神科の部長兼入院部長のピエール・フロール＝アンリ教授です。教授は、休息時とトランス時の脳波を複数回測定することを提案し、これにより、自発的に変化した意識状態に関連する生理学的メカニズムや、大脳半球の機能への影響を発見できる可能性が出てきました。

　フロール＝アンリ教授はまず、自分のチームに属する15人ほどの精神科医や神経科医の前で、自発的なトランス状態を見せてほしいと言いました。歌を歌い、オオカミの遠吠えをし、鳥の鳴き声を出す。様々な声が身振りと共に私の口から発され、身体を突き動かしました。けれども目を開いた私は、精神分析医の視線にたじろぎました。一部の人にとって、私がやって見せたことは、極度の人格分裂や大脳辺縁系脳炎、解離性同一性障害（多重人格症）のようにも見えたのです。彼らを最も驚かせたのは、私が意志の力だけでこの状態に至り、明らかに何の後遺症もないままもとの状態に戻れることです。

　どうしたらそんなことが可能なのでしょう。検査や脳波測定なら、そうした問いへの答えのヒントを与えてくれ、私の脳が正常なのか、あるいは何らかの病気を抱えているのかを教えてくれるはずです。

トランスは精神病？

　検査の結果、私と同じく右利きの女性80人の「健常な対照群」と比較して、休息時の私の脳波は正常でした。この結果に対してほっとしたのですが、何も新しい事実を教えてくれるものではありません。逆にトランス時の脳波では、ブロードマンの脳地図の2番の部分（中心後回）と6番の部分（中心前回）でパワースペクトル値が21-50Hzになり、40番の部分では38-42Hzになりました。また主に21-50Hz帯において、三つの対照群（統合失調症グループ、躁病グループ、うつ病グループ）との酷似が見られました。フロール＝アンリ教授は、これは脳についての現在の知見を覆す結果で、新たな研究方向を開くと考えました。

　一例を挙げれば、健康な脳がなぜトランス時には見かけは病的にふるまい、意志の力だけで正常な状態に戻り、しかも何の後遺症もないのか、という問いです。医師でもあるフロール＝アンリ教授は、この行為が及ぼしうる危険性についても検討しました。私のトランス時の脳波がこの三つの病的対照群のすべての脳波に似ているということは、その状態から抜け出せなくなる可能性もあるのではないか、ということです。

　私は教授に、モンゴルのシャーマンは必ずトランス状態から戻ってくることを説明しました。ただしシャーマンによると、最初のトランスで見習いシャーマンの魂は、

身体を抜けて精霊たちの世界に行きますが、そのまま戻ってこられない可能性もあるそうです。けれども師であるシャーマンがそばにいれば（そして十分な能力を備えていれば）、弟子がちゃんと戻ってこられるようにリードしてくれます。

したがって、もしシャーマンがこの状態（フロール＝アンリ教授によると「精神病性代償不全」「全般的精神疾患」状態）にある他者をもとの状態に戻せるのならば、類似の病気の治療や痛みの軽減にトランスの技法を応用できるのではないでしょうか。事実、私のはじめてのトランス経験において、モンゴルのシャーマンであるバルジルは、私をもとに戻したわけですから。

しかしフロール＝アンリ教授の答えははっきりしていました。ノンです。そして教授は、私がもとの状態に戻れなくなる危険性があまりにも高いというので、私はトランスの実践をやめざるをえませんでした。教授の結論に私は大きな衝撃を受けました。モンゴルに戻って、多くのトランスを実践しながら訓練をつづける予定だったのに、トランスをやめることになれば、彼らにどう説明すればよいのでしょう。私の感じている恐怖をシャーマンたちにわかってもらうには、どうすればよいのでしょう。私が彼らの文化や科学よりも自分の世界のそれを信頼しているなど、どう伝えたらいいのでしょう。

私はシャーマニズムとはじめて接した時のこと、それまで抱いていた自分の考えを思い返してみました。私の信じる科学もまちがえることはあります。私がそれまでに経験してきたことから、トランス状態から戻れなくなることは明らかにありません。だから前進あるのみです。私ははじめて、信頼できるのは自分だけで、道なき道を行かざるをえない状況に置かれました。エトゥヴノン博士も私も、この状態から戻ってこられるということは、トランスは病的ではないことを示していると信じたはずです。博士によれば、私たちが研究しているのは、精神医学的な観点から研究されるべき未知の脳の状態です。

しかし、フロール＝アンリ教授による研究によって、明らかになった重要点がありました。トランスが偽装ではなく、本当に脳機能の一時的変化の結果だと証明されたことです。ここまでくれば、トランス状態が誰にでも到達可能な認知機能だという発想に到達するまで、もうすぐです。

177

トランスは認知機能？

　私は、「シャーマン」であるということは、他の人々がまだ伸ばしていない能力を伸ばすことができたという事実でしか説明できないと考えています。モンゴルの伝統とは逆に、こうした能力は、睡眠時の私たちの誰にでも見られるものではないでしょうか。ある人たちにとっては、こうした能力は自分の知らないうちに勝手に伸びていきます。私もその一人です。「頭がおかしい」と言われるのを恐れて、自分の能力を隠す人もいます。別の人たちにとっては（これが大多数ですが）、この潜在能力は必要な時にだけ現れます。例えば、緊急時の火事場の馬鹿力であるとか、痛みを感じなくなるとかです。またアクセス可能な情報が増幅され、自分の意志とは関係ない行動に走ることが起こったりします。

　私にとって重要なのは、もはやトランスを経験できる能力が私たちに備わっているかどうかということではなく、その能力をいかに自覚するかということでした。それにしても、西洋社会が頑なに認めようとしてこなかった人間のこうした部分を取り戻す道のりは、何と長いことでしょう。ただし、一つ疑問が残っています。なぜモンゴルのシャーマンの太鼓は、人口のわずか0.001％にしかトランスを引き起こさないのでしょう（監修者注：実は2010年頃、モンゴルの人口の1％近くがシャーマンになっていた）。

　答えは二つしかないと私は思います。一つは、シャーマンの脳は他者の脳とは異なる構造ではないかという説。しかし予想通り、私の「シャーマン脳」に関するフロール＝アンリ教授の実験からは、この説は無効であることがわかりました。もう一つの可能性としては、睡眠状態の潜在能力を引き出すのに、太鼓の音は万人向きではないという説です。とすれば、より効果の高い楽器や道具はあるのでしょうか。私は別の研究者たちと協力して、この疑問に取り組むことにしました。

　私は、自分が太鼓の特定のシーケンス（連続音）に特に反応することに気がついていました。そこで、シャーマンの許可を得て太鼓の儀礼を録音し、トランスの核となる最も効果の高いシーケンスを選び出しました。しかし残念ながら、研究者たちが分析するには録音状態があまりよくありませんでした。

　とは言え、トランス状態に入らなければ、太鼓のシーケンスを再現することはできません。そこで私は自分で、パリの録音スタジオで太鼓を叩くことにしました。最も有効なシーケンスを新たに識別し、エリー・リ・ケヌメールをはじめとする研究者たちがこのパラメーターや周波数、音の空間への広がり、リズムの特徴などを研究し、共同で音を発する器具をつくりあげました。この器具は、トランスの自然音と電子音の混ざった音を発するもので、太鼓よりもトランスを誘発する効果が高いように思えました。ともかく、ボランティアを対象に、この器具の実験を実施する段階にまでこぎつけたのです。

　実験の機会が訪れたのは、「トランスと創造」というワークショップでのことです。

主催者であるアーティストのレア・ル・ブリコントが、ナント国立高等芸術学校で開催されたこのイベントに私を招待してくれたのです。そして20人の学生が実験に同意しました。予想通り、はじめて聞いた時点で、16人が私の経験と同じトランス状態に入りました。モンゴルの太鼓が0.001％の人に対して有効なのに対し、この器具なら80％ということになります。

　私はついに答えを手に入れました。太鼓は、十分に有効なトランス誘発装置ではなかったのです。ただし研究者たちは、アーティストは創造行為の間、すでにトランス状態に入っているので、こうした状態に至る訓練を受けていない人では、必ずしも同じ結果が出るわけではないだろうと反論しました。そこでそうした人たちを対象にした実験を提案したところ、驚くべきことに同じ結果が出たのです。これに我が意を得た私たちは、医師や医療従事者、政治学やパリ経営大学院といったグラン・ゼコール（高等専門大学校）の学生や、企業経営者たちなど、様々なプロフィールの人たちを対象に、実験プログラムを開始しました。

　800人以上を対象にした実験では、「循環音」を改良することで徐々に確率が上がり、平均90％の人がトランス状態に入りました。残りの10％の人は、ほぼあるいはまったく反応しませんでしたが、その理由は不明です。しかし私たちは、トランスは認知機能の潜在能力であることをつきとめました。もちろん、誰もが容易に到達できるわけではありませんが、テクニックを身に着けることはできます。ちょうど瞑想や催眠術と同じです。私たちが実験し開発した方法により、現在では実験ボランティア全員が、2〜4日の訓練で、自発的にトランス状態に入れるようになりました。

　2017年、ついにフロール＝アンリ教授の研究が発表されました。これはモンゴルのシャーマンのトランスに関する研究としては、はじめてのものです。ここに到達するまでに10年かかりましたが、トランスが精神疾患であるという説は退けられ、この現象に関する知見が大きく進歩したことを考えれば、博士の研究は大きな成果を収めたと言えます。トランスは非病理性の精神解離状態であり、さらに将来的には精神病理学の有効な手段の一つにさえなりうると認められたのです。

　この場を借りて、フロール＝アンリ教授の知性に敬意を表したいと思います。彼は時間をかけて自分の仮説を検証しました。特にトランスの実践を他の研究対象に拡大するという私たちの研究をフォローすることで、その仮説を進化させていきました。また彼は、トランス状態の可逆性は、すべての被験者に当てはまるという仮説も打ち立てました。

　この発表のおかげで、ようやく科学の扉がトランスに対して開かれました。もう偽装だとか病気だとか言われることはありません。トランスは測定可能な状態で、多くの人が到達でき、脳への影響も研究可能になったのです。

　と言うことは、誰もがシャーマンなのでしょうか。これはよく聞かれる質問ですが、次のような答えが的確なように思われます。シャーマンであるということは、ある文化的背景の中で、その文化に結びついた特定の実践や訓練を通じて、儀礼を実践することです。トランスによってシャーマンと同じ能力を得られたとしても、シャー

マンになれるわけではありません。キリスト教の祈祷を唱えられるモンゴル人全員が、司祭になれるわけではないのと同じです。

　こうした形のトランスは、儀礼や文化的な表現の枠外で、太鼓も衣装も用いずに意志だけで引き起こされます。ですからシャーマンのトランスというよりも、むしろ認知トランスと呼んだ方が正しいように思われます。私たちの目的は、こうした「認知トランス」を通じて、興味深い情報源にアクセスできると証明することでした。では、その情報源とは、どのようなものなのでしょう。

トランスのメリット

　トランスは、潜在的な現実を探究する手段であると同時に、認知力を増幅させるためのテクニックでもあります。自然状態であるトランスは、通常の意識状態ではアクセスできない（あるいはほぼできない）情報にアクセスし、インスピレーションの瞬間に現れるプロセスへの到達を助けてくれます。そうした瞬間では、時間の概念が消失します。さらに直観が働くようになり、独創的な解決法が増幅され、アイデアが流れ出てくるようになります。最終的には、環境との相互作用がよりオープンになり、その作用が強化されたように感じられます。

　認知トランスは極めて興味深い現象です。身体に不随意運動が現れるにまかせることで、自然な方法で癒しや直感的学びの情報源に到達させてくれるからです。トランスには、認識する力や人を治癒する潜在的な可能性が内在されています。

　またトランス状態では、洞察力やトラウマとなるような感情にアクセスできるようになるため、特に痛み（身体的、心理的）の認識が軽減され、力強さが増すことで、治療が可能になります。

　仮にトランスが認知における潜在能力であり、あらゆる人間に生まれつき備わっている能力だとしても、その現れ方は、様々な形態を取ります。しかし、それは人間が独自の方法で表現しているものであり、それぞれの人間がそれぞれの方法で体験しているのです。こうしたトランスを引き起こす個人や環境の基準や条件は、いまだ定義されていません。

　トランスの実践により、大多数の被験者が以下のような様々な形で、自発的に変性意識状態に至ることが明らかになりました。

- 催眠性トランス
- 憑依性トランス
- 恍惚あるいは神秘的トランス
- 霊媒トランス

- 体外離脱経験
- シャーマニックなトランス（自然の諸存在や生き物との交信）
- ビジョン・トランス/遠隔透視
- 深い瞑想経験
- 自動筆記経験

治療への応用に関する研究

　先に挙げたメリットの他に、トランス状態は、ある種の治癒のプロセスへ至る道を強化するようにも思えます。
　私は、フランシス・トレル教授と共に、トランス科学研究所を設立しました。彼はCNRSやルーヴェン・カトリック大学で、磁気共鳴を研究する科学者です。トランス科学研究所は、トランス現象について科学との共同研究を行うことで、臨床研究の実用化に向けた最初の一歩を歩みはじめました。ここは研究所であると同時に、トレーニング機能を兼ね備えた機関です。したがって、トランスに関する脳科学的研究を含む関連分野の研究者たちの国際的ネットワークの拠点となっています。こうした学際的なアプローチこそが、トランス現象を解明し、その治療効果を含む、あらゆる潜在力を発見するための最も有効な手段なのです。しかし、その治療とは何を指すのでしょう。

　トレル教授をはじめとする協力者のおかげで、まずは最初の道筋がつきました。
　2016年、教授は脊髄圧迫が原因で、骨盤の一部が麻痺してしまいました。私は教授に、自発的トランスの習得を勧めました。しかしそれが麻痺にどのように影響するのか、誰も皆目見当がつきませんでした。私は教授に、トランスの間は「身体をなすがままにするように」とだけ伝えました。つまり実験中は意識があるかもしれないが、運動が起こってもやめないようにアドバイスしたのです。
　教授は、横になるとすぐにトランス状態に入りました。そして足が明らかに無秩序に動きはじめました。まるで「別の」意志に従っているかのようです。その動きを博士はだまって見つめ、私たちはこの実験を録画しました。将来の研究用に、すべての実験は録画されます。足が動きはじめて数分後、教授の骨盤（腰）が持ち上がりはじめました。教授は抗うことなく、その後、数度、骨盤が持ち上がりましたが、これは麻痺して以降、意志的にはできなかった動きです。私たちは詳細に観察するうちに、足の動きは実はさほど無秩序ではなく、骨盤の運動を促す「鍵」でさえあることに気がつきました。
　なぜこんなことが起こったのでしょう。いかなる知性が働いて、このような運動がはじまったのでしょう。軌道計算、歩行、消化、治癒など、私たちの下意識のプロセスの中に組み込まれていたのでしょうか。
　疑問はさらなる疑問を生みます。部分的に麻痺していた骨盤が、なぜ、あのよう

な速い動きを実現できたのか。骨盤が再び動くようになった背景には、トランスが痛覚の軽減や筋力の増強をもたらす効果をもっているということなのか。

　残念ながら、骨盤状態の改善は実験中しか持続しませんでしたが、少なくとも一歩進んだことになります。教授は自発的にトランス状態に入ることができるようになりました。ですから、あとはこれを継続して、経過観察することにしました。

　実験を重ねても、足の動きによって骨盤が瞬間的に解放され、運動を促すというプロセスが繰り返されました。この運動が繰り返されるので、教授はあるアイデアを思いつきました。それはトランス状態でない時にも再現できるように、運動を記憶するというものでした。結果は私たちの予想をうわまわるものでした。この「直感的学習」が骨盤のリハビリにつながったのです。こうして教授は3か月もしないうちに、普通に歩くことができるようになりました。

　カリフォルニア大学のバークレー校では、別の実験が録画されました。今回の対象者は筋萎縮性側索硬化症（ALS、シャルコー病とも）を患う私の友人です。

　トレル教授の時と同じように、今回も早くも最初のトランス時に身体が勝手に動きはじめました。また彼女は、呼吸機能が低下した患者にとって例外的な長い声を発しました。4か月の訓練を経て、彼女は歩けるようにはなりませんでしたが、足の小指の感覚が戻り、骨盤の動きも改善しました。また呼吸機能にもわずかながら改善が見られました。もちろんこれをもって、トランスが疾患に効果ありとは言えません。疾患による影響をほんの少し緩和しただけです。しかもそれが今後も持続するとは断言できません。しかし、この結果はスタンフォード大学の注目を引き、臨床研究の端緒を開きました。研究がその有効性を認めるかどうかは今後次第です。

　その他にもパイロットテストが行われ、こうした形の自己誘発性のトランスが、依存症や食欲の調節、不安症、心的外傷後ストレス障害（PTSD）、解離性障害、運動・機能リハビリなどに好影響を及ぼすことが明らかになりました。しかしその根拠については、臨床試験を通じて探っていく必要があります。

　私たちは現在、認知トランスを治療の一環として取り入れたいと希望する医療従事者を対象にした、大学の資格制度を構築中です。この養成システムは2021年10月に、すでにトランス訓練を受けた18人の医師、研究者、心理学者により開始する予定で、この潜在能力を実際に試すことで治療への応用が検討され、臨床試験開始へとつながることが期待されています。

トランスと基礎研究

　認知トランスに関する科学的実験は、実施計画に沿って、2018年5月と2019年6月に、ベルギーのリエージュ大学総合病院（CHU）及び同大学の生物医学学際研究所の意識研究ユニット（GIGA-Concisouness）によって実施されました。この実験を主導したのが、スティーヴン・ローレー教授の共同研究者であるオリヴィア・ゴスリー博士とオードレー・ヴァノドヌイス博士です。彼らは、変性意識状態に関する世界的なスペシャリストでもあります。この実験では、トランス科学研究所と共同で、高密度電極脳波計（256チャンネル）、陽電子放出断層撮影（PET）、経頭蓋磁気刺激法（TMS）などの技術を使用しました。

　初回実験の被験者は私だけでしたが、結果の一部が『クリニカル・ニューロサイコロジー *Clinical Neurophysiology*』誌に発表されました。2度目の実験は、トランス科学研究所で開発された手法を使いました。つまり、自発的にトランスを誘発する訓練を受けた、様々なプロフィール（アーティスト、医師、心理学者、研究者）の「トランスの達人」27人を対象に実験は行われましたが、現在、結果を解析中です。これらの実験計画は、トランスはシャーマンに限定された能力ではなく、誰もが潜在的に持っていることを示しています。実験では最終的に、催眠状態や瞑想状態、臨死体験（NDE）といった様々な変性意識状態における脳の活動パターンの差異と類似点を明らかにすることを目指しています。

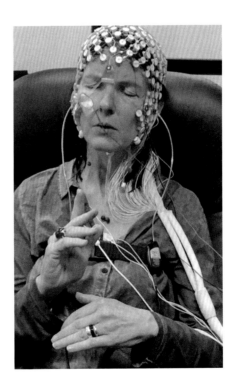

これら初期研究や、世界各国でのトランスの脳への影響に関するわずかな研究から、トランスは大脳の異なる領域の結合を変化させることがわかっています。具体的に言えば、外部環境の情報処理を司る領域（例えば前帯状皮質背側部や島皮質）、自己認識に関わる情報処理を司る領域（後帯状皮質、デフォルトモードネットワークDMN）が、トランス時では異なる機能を持つことがわかってきました（15人の被験者から得られた結果）。

さらに知覚神経を司る部位（特に聴覚野と視覚野）が、トランス状態と通常状態では異なる活動を見せました（いわゆる霊媒トランス状態の8人の被験者と8人の対照群とを比較した結果、及びトランス状態の15人の被験者で得られた結果から）。

私が被験者となったデータでは、トランス時の脳の電気活動は、特に前頭葉、頭頂葉、後頭葉のベータ波の変化によって特徴づけられるようです。これらの領域は、自己認識に関与していることが知られています。このまた1人の被験者と78人の対照被験者を比較することで、左脳と前頭前皮質から右脳と体性感覚皮質へと脳活動の優位性が移動していることが観察できました。一方、磁気刺激に対する脳活動は、前頭葉への刺激では反応が強まりましたが、頭頂葉への刺激では反応は弱まりました（1人の被験者）。

そこで前頭葉への刺激を加える実験をしたところ、その観察結果からトランス状態に特徴的な心的イメージや、内的体験、感覚の鋭敏さなどに対する脳の注意が反映されていることがわかってきました。一方、頭頂部へ刺激を加えたところ、環境を認識する能力の低下を示す脳活動の変化が見られました。これらの予備的な実験観察結果は、被験者がトランス状態、すなわち特殊な没入状態にある時の主観的感覚を反映していると考えられます。さらにこの状態に至ると、自分自身とそれを取り巻く環境に対する知覚が変化していることも示すようなのです。

2021年には新たな実施計画に沿った実験が予定されています。一つはリエージュ大学生物医学学際研究所・意識研究ユニットとトランス科学研究所の共同研究です。この研究では、トランス状態における筋力の増大と苦痛の軽減を測定します。もう一つはエアバス社のゼロG機上で無重力状態におけるトランスの影響に関する実験です。この研究は、ヴァノドヌイス博士のもと、リエージュ大学生物医学学際研究所・意識研究ユニット、トランス科学研究所、フランス国立宇宙研究センター（CNES）天文台、パリ第8大学ヴァンセンヌ・サン・ドニ校のアントワーヌ・ビオワ、パリ大学ナンテール校講師のアレクサンドル・クット、ピカルディー大学ジュール・ヴェルヌ校のジョアニック・マッソン、ブルゴーニュ大学のバティスト・リニエ及びピエール・ド・オリヴェイラ、ロレーヌ大学ルノー・エヴラール、リエージュ大学大学病院のオリヴィア・ゴスリーに加えて、トランス科学研究所の私も参加します。

＊この章の執筆に際し、ご協力くださったフランシス・トレル、
オードレー・ヴァノドヌイス、オリヴィア・ゴスリーに感謝申し上げます。

結論

　変性意識状態とは異なる意識の連続体なのではないか、という考えに、私たちは近づきつつあります。脳の各領域間の共鳴や相互作用に応じて、それぞれの意識状態が少しずつ混じり合い、特徴が出てきます。このような意味において、トランス状態で知覚が増幅するということは、意識による精神のコントロールが抑制されることで、極めて精巧に潜在意識が働き出すことを意味しています。したがって、トランス状態から通常の意識状態への帰還は、意識的なコントロールを抑制するプロセスが段階的に停止していくことに他なりません。

　もちろん、こうしたトランスのプロセスを理解し、人間の脳やその能力を解明するには、まだ長い道のりが必要です。しかし伝統文化が実践、継承、発見してきたことを研究することで、科学はすべてを手に入れることができるに違いありません。なぜなら私たちの社会や人類の未来は、高度なテクノロジーを運用するだけではなく、脳の潜在的な知覚能力をもっと理解して運用できるかにかかっているからです。

　もちろん、脳だけで人間存在の複雑さをすべて説明することはできません。脳は私たちと世界をつなぐインターフェイスにすぎません。現時点で我々が知るところでは、生命や意識、感情の謎を完全に説明できる科学的な研究はありません。しかし少なくともトランスの技術は、生命・意識・感情にかかる諸現象の謎に対して安心材料を提供してくれます。こうしたトランスの技術は、シャーマニズムの伝統を通して私たちの祖先が残してくれた宝物だと言えるでしょう。それは、作家のアントナン・アルトーの言葉を借りるならば、「私たちがつかみきれない現実に少しでも近づくための手段」なのです。

　仮に私たちの社会が「知識のある人間」を目指してきたのだとするならば、伝統社会は「意識のある人間」を目指してきたと言えるでしょう。私たちが生きている現代は、危機的な状況にあります。そうした中、祖先から受け継がれたトランスの技術に対して、関心が世界的に高まっています。これは、知識のある人と意識のある人が一つの「私たち」として団結すべき時がきていることを示していると思われます。

　教養人と意識人、そして知識人と「知覚人」。これらが一つになり、私たちの未来のために奉仕しなくてはなりません。決断することにより注意を向けていく社会。それこそが今、私たちに求められている真にエコロジカルな取り組みなのではないでしょうか。

Ethnies 本書に登場する民族

Afrique アフリカ

ソンガイ人（P72）
中央アフリカ、ニジェール川大湾曲部。

ミニアンカ人（P72）
セヌフォ語。マリ。

Oceania オセアニア

ンガリニン人（P82）
ウォロラン語。オーストラリア、キンバリー高原。過去においては、半遊動狩猟採集社会だった。

Asie アジア

イテリメン人（カムチャダール人、P27）
パレオアジア諸語。カムチャッカ。狩猟漁労社会。

ウイグル人（P34）
テュルク語。中国、新疆。

エヴェン人（P26）
アルタイ諸語のトゥングース語。シベリア北東部。トナカイを飼養する定住牧畜社会。

エヴェンキ人（トゥングース、P26）
アルタイ諸語のトゥングース語。エニセイ川盆地からオホーツク海にかけて暮らす半牧畜半狩猟民。トナカイ飼養を行う。

カザフ人（P34）
テュルク語。カザフスタン、中央アジア。定住牧畜社会。

カラシュ人（P152）
インド・アーリア語。ヒンドゥークシュ山脈、チトラル、パキスタン、中央アジア。ヤギ牧畜民社会。

キルギス人（P34）
テュルク語。キルギスタン、中国の新疆。牧畜社会。

ケット人（オスチャーク人、P159）
エニセイ川流域。狩猟漁労社会。

コリャーク人（P27）
パレオアジア諸語。カムチャッカ。狩猟牧畜社会。シベリア東部。海獣の狩猟とトナカイの飼養が生業。

サハ人（ヤクート人、P28）
アルタイ諸語のテュルク語。シベリア北部、レナ川、ヤナ川流域。ウマとウシを飼養する半定住牧畜社会。

セリクプ人（P159）
ウラル語族のサモエード諸語。シベリア西部。狩猟漁労社会。

ダルハド人（P159）
モンゴル語。モンゴル北部。遊牧社会。

チェルカン人（アルタイ人、P20）
テュルク語。シベリア南部。

チュクチ人（P76）
パレオアジア諸語。シベリア極北東部。地域によって、海獣の定住狩猟あるいはトナカイ牧畜を生業とする。

テレウト人（アルタイ人、P19）
アルタイ諸語のテュルク語。ロシアのアルタイ地方。ウマとウシを飼養する半定住牧畜社会。

トゥバ人（P128）
アルタイ諸語のテュルク語。ロシアのトゥバ共和国。シベリア南部。地域により、狩猟及びトナカイ牧畜社会。あるいはウマとウシを飼養する半定住牧畜社会。

ナナイ人（ゴリド人、P26）
アルタイ諸語のトゥングース語。アムール川下流域。シベリア極東部。狩猟漁労社会。

ニヴフ人（ギリヤーク人、P127）
アムール川下流域、サハリン島。狩猟漁労社会。

ハカス人（P157）
アルタイ諸語のテュルク語。シベリア南部。

ブリヤート人（P33）
アルタイ諸語のモンゴル語。シベリア南部、バイカル湖。牧畜（ウマ）社会。

マガール人（P147）
チベット・ビルマ語派のカム語。ネパール北部。小麦、トウモロコシ、雑穀、大麦などの農耕やウシ、ヒツジを飼養する牧畜を生業とする。

満洲人（女真族、P34）
アルタイ諸語のトゥングース語。中国北東部。

モンゴル人（P34）
モンゴル語を話す複数の社会を指す（ハルハ、ブリヤート、ダルハドなど）。モンゴル国の住民。

ユカギール人（オドゥル人、P76）
北極海。狩猟漁労社会。役畜はイヌとトナカイ。

Europe ヨーロッパ

サーミ人（サーメ人、P45）
複数の言語や方言に分かれた言語・文化的集団の名称。ウラル語族・フィン・ウゴル語派。ヨーロッパ北部。トナカイを飼育。

Amériques アメリカ

アカワイオ人（P64）
マクロ・カリブ語族カリブ語。ギアナ。農耕狩猟社会。

アワユン人（P136）
ヒバロ語。ペルー、アマゾン河上流域。農耕（スウィートキャッサバ、サツマイモ、ヤムイモ、インゲンマメ、オオバコ、バナナ）及び狩猟漁労社会。

イヌイット人（P20）
イヌクティトゥット語などの複数の言語、方言に分かれた言語・文化的集団の名称。エスキモー・アレウト語族。アメリカ北部。狩猟漁労社会。

ウィシャリカ人（ウイチョル人、P86）
ユト・アステカ語族のウィチョル語。シエラ・マドレ・オクシデンタル山脈。北部砂漠大地の遊牧民と、メキシコ中央部のナワトル語を話す諸集団の中間で暮らす農耕民。

オジブウェ人（アニシナーベ人、P86）
アルゴンキン語派のオジブウェ語。カナダ、オンタリオ、五大湖地域。狩猟漁労社会で、メイプルシロップやマコモ属ワイルドライスを収穫。

カリブ人（P53）
ヨーロッパ人とはじめて接触した時代にカリブ海沿岸に暮らしていた人々を指し、ガリビ、カリーニャとも呼ばれる。カリブ語族は、アカワイオ語、カリーニャ語、チカーオ語（ブラジルのイクペン語）、ワヤナ語（フランス領ギアナ）などの諸言語が属する。

クワクワカワク人（クワキウトル人、P107）
ワカシャン語族。カナダ、ブリティッシュコロンビア州。漁労社会。

Bibliographie 参考文献

ケチュア人（P82）
ペルー、アンデス。山岳地帯の農耕（ソラマメ、トウモロコシ、ジャガイモ）及び牧畜（ラマ、アルパカ、ヒツジ）社会。

シャラナフア人（P34）
パノ語。ペルー、プルス川流域。狩猟漁労社会。

タイノ人（P63）
アラワク語。大アンティル諸島。16世紀にほぼ消滅。

ツィムシアン人（P63）
アラスカ及びカナダのブリティッシュコロンビア州スキーナ川流域。漁労社会。

テコ人（エメリヨン人、P20）
トゥピ・グアラニ語族のエメリヨン語。フランス領ギアナ、オヤポック川、マロニ川上流域。農耕（ビターキャッサバ、ヤムイモ、サツマイモなど）及び狩猟漁労社会。

デサナ人（P89）
トゥカノ語。コロンビア、カケタ川、バウペス川流域。狩猟漁労社会。

トゥピナンバ人（P64）
トゥピ語。16世紀にはブラジル、アマゾン河河口域に住み、森での農耕（キャッサバ、サツマイモ、トウモロコシ）や狩猟を行っていた。

トリンギット人（P64）
ナ・デネ語族。アラスカ南東部。狩猟社会。

ナバホ人（P59）
アサバスカ諸語。アメリカ合衆国南西部。

ピアロア人（P89）
サリバン語族。ベネズエラ、パルグアサ川、オリノコ川流域。狩猟漁労社会。

ヒューロン・ウェンダット人（P57）
イロコイ語族。カナダ、オンタリオ州南部。

フニ・クイン人（カシナワ、P79）
パノ語族。ブラジル、ペルーのジュルア川、プルス川流域。狩猟漁労社会。

マクナ人（P134）
トゥカノ語。コロンビア、カケタ川、バウペス川流域。狩猟漁労社会。

マサテコ人（P114）
オト・マンゲ語族ポポロカ語派。メキシコ、オアハカ北部。農耕（トウモロコシ、インゲンマメ、カ

ボチャ類、トウガラシ類）社会。

マチゲンガ人（P76）
アラワク語族。ペルー、ウカヤリ川流域。狩猟漁労社会。

ミクマク人（P57）
アルゴンキン語派。北米、北東沿岸部。

ヤグア人（ニハムオ人、P153）
ペバ・ヤグア語族。プトゥマヨからジャバリにかけてのアマゾン河流域。狩猟漁労社会。

ヤノマミ人（P86）
複数の言語や方言に分かれた言語・文化的集団の名称。オリノコ川上流からネグロ川間のパリマ山脈。狩猟漁労社会。

ユピック人（P54）
エスキモー・アレウト語族。アラスカ西海岸及びシベリア。漁労社会。

ラコタ人（スー人、P82）
スー語。アメリカ合衆国、ノースダコタ及びサウスダコタ州。かつては半遊牧民の狩猟（バイソン）社会だった。

ワユー人（グアジロ人、P133）
アラワク語族。コロンビアとベネズエラの国境地帯、グアヒラ半島。

文学・詩

・カルロス・カスタネダ『分離したリアリティ』
真崎義博 訳、太田出版、2012年
・オルダス・ハクスリー『知覚の扉』
今村光一 訳、河出書房新社、1976年 他
・ヴィクトル・ユゴー『海の労働者』
原晃一郎 訳、冬夏社、1921年 他
・ヴィクトル・ユゴー『世界名詩集大成 第2
フランス篇』所収「静観詩集」、
松下和則 訳、平凡社、1960年 他
Tschinag, Galsan, 2008, L'Enfant élu, Paris,
Métailié
Wagamese, Richard, 2017, Jeu blanc, Chene-
Bourg, Éditions Zoé
White, Kenneth, 2007, Territoires
chamaniques, Premiers temps, espaces
premiers, Genève, Éditions Héros-Limite

シャーマンの歴史

・ジョン・ファイアー・レイム・ディアー口述、
リチャード・アードス編
『レイム・ディアー ヴィジョンを求める者』
北山耕平訳、河出書房新社、1993年
Kopenawa Davi & Bruce Albert, 2010,
La Chute du ciel, Paroles d'un chaman
yanomami, Paris, Plon Terre humaine

年代記、旅行記

・オビエード『カリブ海植民者の眼差し
（アンソロジー新世界の挑戦4）』染田秀藤、
篠原愛人 訳、岩波書店、1994年
・クレーヴクール『アメリカ古典文庫2 クレヴクール』
所収「一八世紀ペンシルヴェニアおよび
ニューヨーク旅行記」
渡辺利雄 訳、研究社出版、1982年
・ジャック・カルチエ、アンドレ・テヴェ
『大航海時代叢書 第II期19』
「フランスとアメリカ大陸1」所収、
アンドレ・テヴェ「南フランス異聞」
山本顕一 訳、岩波書店、1982年
・クロード・ダブヴィル、イーヴ・デヴルー
『マラニャン布教史 マラニャン見聞実記（17・
18世紀大旅行記叢書 第2期4）』
大久保康明 訳、岩波書店、2004年
・オラウス・マグヌス『北方民族文化誌（上下巻）』
谷口幸男 訳、溪水社、1991年
・マルコ・ポーロ『マルコ・ポーロ東方見聞録』

月村辰雄、久保田勝一 訳、岩波書店、2012年他
・『ロシア中世物語集』所収「アヴァクーム自伝」
中村喜和 編訳、筑摩書房、1970年他
Arriaga, Pablo Joseph, 1999 (1621), *La extirpación de la idolatria en el Piru*, Cuzco, Centro de Estudios Regionales Andinos "Bartolomé de las Casas"
Bell, John, 1763, *Travels from St. Petersburg in Russia, to diverse parts of Asia*, Glasgow, R. and A. Foulis
Biet, Antoine, 2017 (1664), *Voyage de la France équinoxiale en l'isle de Cayenne, entrepris par les François en l'année MDCLII*, Paris, Hachette Livre BNF
Brand, Adam, 1699, *Relation du voyage de Mr. Evert Isbrand envoyé de Sa Majesté Czarienne à l'empereur de la Chine, en 1692, 93, & 94*, Amsterdam, J.-L. de Lorme
d'Évreux, Yves, 2012 (1615), *Voyage au nord du Brésil*, édition de Franz Obermeier, Kiel, Westensee Verlag, Die Deutsche Bibliothek
de Charlevoix, Pierre-François-Xavier, 1976 (1744), *Histoire et description générale de la Nouvelle France, avec le journal historique d'un voyage fait par ordre du roi dans l'Amérique septentrionale*, Montréal, Éditions Élysée
Denys, Nicolas, 1672, *Description géographique et historique des costes de l'Amérique Septentrionale. Avec l'Histoire naturelle du païs*, Paris, Claude Barbin
de Plan Carpin, Jean, 1965, *Histoire des Mongols*, édition de Jean Becquet et Louis Hambis
Dières, Marin (Diereville), 1997 (1708), *Relation du voyage du Port Royal de l'Acadie*, édition de Normand Doiron, Presses de l'Université de Montréal
Du Tertre, Jean Baptiste, 1654, *Histoire générale, des isles de S. Christophe, de la Guadeloupe, de la Martinique, et autres dans l'Amérique*, Paris, Jacques Langlois
Georgi, Johann Gottlieb, 1776, *Description de toutes les nations de l'empire de Russie, où l'on expose leurs manières de vivre, religions, usages, habitations, habillemens et autres particularités remarquables*, St. Petersbourg, C. G. Muller
Gmelin, Johann Georg, 1767, *Voyage en Sibérie contenant la description des mœurs & usages des peuples de ce pays, le cours des rivières considérables, la situation des chaines de montagnes, des grandes forêts, des mines, avec tous les faits d'histoire naturelle qui sont particuliers à cette contrée*, traduction de l'allemand, Paris, Desaint
Graah, Wilhelm August, 1837, *Narrative of an expedition to the east coast of Greenland, sent by order of the King of Denmark, in search of the lost colonies, under the command of W. A. Graah*, Londres, John W. Parker
Hennepin, Louis, 1704, *Voyage curieux du R.P. Louis Hennepin [...] qui contient une nouvelle decouverte d'un tres-grand pays, situe dans l'Amerique, entre le Nouveau Mexique, & la Mer Glaciale [...]. Outre cela on a aussi ajoute ici un voyage qui contient une relation exacte de l'origine, moeurs, coutumes, religion, guerres & voyages des Caraibes, sauvages des Isles Antilles de l'Amerique, faite par le Sieur de La Borde*, Leide, Pierre vander Aa
Ides, Everard Isbrants, 1725 *Voyage de Moscou à la Chine, dans Recueil de voyages au Nord, contenant divers mémoires très utiles au commerce & à la navigation*
Jessen, Erik Johan, 1975 (1767), *Afhandling om de Norske Finners og Lappers hedenske Religion, med en Tegning af Rune-Bomme, dans Knud Leem, Beskrivelse over Finmarkens Lapper*, Copenhague, Rosenkilde og Bagger
Johnson, Richard, 1556, dans Hakluyt, Richard, 1903, *The principal navigations, voyages, traffiques & discoveries of the English nation*, Glasgow, J. MacLehose and sons
Kracheninnikov, Stepan Petrovitch, 1768 (1755), *Histoire et description du Kamtchatka*, traduction de Jean Chappe d'Auteroche
Lafitau, Joseph François, 1982 (1724), *Mœurs des sauvages américains, comparées aux mœurs des premiers temps*, Paris, F. Maspero
Lundius, Nicolaus Andreae, 1905, *Descriptio Lapponiae, dans Johan August Lundell, Nyare bidrag till kännedom om de svenska landsmålen ock svenskt folkliv*
Molina, Cristóbal de, 2008 (1576), *Relación de las fábulas y ritos de los incas*, édition de Julio Calvo Pérez; Henrique Urbano, Lima, Cátedra UNESCO Cultura, Turismo, Desarrollo, Universidad de San Martin de Porres
Pané, Ramon, 2003 (1498), *Relation de l'histoire ancienne des Indiens*, Paris, La Différence
Polo de Ondegardo, Juan, 1916 (1571), *Informaciones acerca de la Religión y Gobierno de los Incas*, Lima, Coleccion de Libros y Documentos referentes a la Historia del Peru
Regnard, Jean-François, 2010 (1730), *Voyage en Laponie*, Ginkgo éditeur
Sparks, Jared, 1829, *The life of John Ledyard, the American traveller; comprising selections from his journals and correspondence*, Cambridge, Hilliard and Brown
Sombrun, Corine, 2012, *Les Esprits de la steppe, Avec les derniers chamanes de Mongolie*, Paris, Albin Michel
Tornœus, Johannes, 1900, *Johannis Tornœi Berättelse om Lapmarckerna och deras tillstånd ; dans Karl Bernhard Wiklund, Bidrag till kännedom om de svenska landsmålen ock svenskt folkliv*, Uppsala, Tryckt å H. Wretmans tryckeri
van Rubroeck, Willem, 1900, *The journey of William of Rubruck to the eastern parts of the world, 1253-55*, edition de William Woodville Rockhill, London, Printed for the Hakluyt Society

学術書・論文

・エドゥアルド・ヴィヴェイロス・デ・カストロ
『食人の形而上学　ポスト構造主義的人類学への道』檜垣立哉、山崎吾郎 訳、洛北出版、2015年
・ミルチャ・エリアーデ『シャーマニズム』
堀一郎 訳、冬樹社、1974年他
・シャルル・ステパノフ、ティエリー・ザルコンヌ『シャーマニズム（「知の再発見」双書162）』中沢新一 監修、遠藤ゆかり 訳、創元社、2014年
・ジル・ドゥルーズ、フェリックス・ガタリ『千のプラトー　資本主義と分裂症（上下）』宇野邦一、小沢秋広、田中敏彦、豊崎光一、宮林寛、守中高明 訳、河出書房新社、2010年
・アントニオ・R．ダマシオ『生存する脳　心と脳と身体の神秘』田中三彦 訳、講談社、2000年
・マイケル・ハーナー『シャーマンへの道　「力」と「癒し」の入門書』高岡よし子 訳、平河出版社、1989年
・モーリス・メルロ＝ポンティ『見えるものと見えないもの』滝浦静雄、木田元 訳、みすず書房、1989年
・クロード・レヴィ＝ストロース『構造人類学』荒川幾男、生松敬三、川田順造、佐々木明、田島節夫 訳、みすず書房、1972年
・ミシェル・レリス『日常生活の中の聖なるもの（ミシェル・レリスの作品4）』所収、「ゴンダルのエチオピア人における憑依とその演劇的諸相」岡谷公二 訳、思潮社、1986年
Aigle, Denise, Bénédicte Brac de la Perrière & Jean-Pierre Chaumeil eds, 2000, *La Politique des esprits, Chamanismes et religions*

universalistes, Nanterre, Société d'ethnologie

Arias, Esteban, 2018, « Des traces d'intoxication dans cette histoire, L'invisibilité et l'ayahuasca au fil des siècles chez les Matsigenka (Amazonie péruvienne) », dans Baud ed., Histoires et usages des plantes psychotropes, Paris, Imago : 349-378

Baud, Sébastien, 2011, Faire parler les montagnes, Initiation chamanique dans les Andes péruviennes, Paris, Armand Colin

Baud, Sébastien ed., 2016, Anthropologies du corps en transes, Paris, Connaissances et Savoirs

Baud, Sébastien ed., 2018, Histoires et usages des plantes psychotropes, Nouvelle anthropologie des plantes psychotropes, Paris, Imago

Baud, Sébastien & Christian Ghasarian eds, 2010, Des plantes psychotropes, Initiations, thérapies et quêtes de soi, Paris, Imago

Beffa, Marie-Lise, 1993, « Le concept de tänggäri, "ciel", dans L'Histoire secrète des Mongols », Études mongoles et sibériennes, 24 : 215-236

Bernand, Carmen, 2019, Histoire des peuples d'Amérique, Paris, Fayard

Bogoraz, Vladimir, 1904, « Idées religieuses des Tchouktchis », Bulletins et Mémoires de la Société d'anthropologie de Paris, 5 : 341-355

Bourguignon, Erika, 1973, « A framework for the comparative study of altered states of consciousness » dans Bourguignon ed., Religion, Altered States of Consciousness and Social Change, Columbus, Ohio State University Press : 3-38

Butt, Audrey, 1962, « Réalité et idéal dans la pratique chamanique », L'Homme, II, 3 : 5-52

Chaumeil, Jean-Pierre, 2000, Voir, Savoir, Pouvoir, Le chamanisme chez les Yagua de l'Amazonie péruvienne, Genève, Georg Éditeur

Collot, Edouard & Bertrand Hell, 2011, Soigner les âmes, L'invisible dans la psychothérapie et la cure chamanique, Paris, Dunod

Delaby, Laurence, 1976, Chamanes toungouses, Paris, Labethno, coll. Études mongoles et sibériennes, 7

Delaby, Laurence, 1997, Bataclan chamanique raisonne, 1, Paris, LESC / Labethno, coll. Études mongoles et sibériennes, 28

Déléage, Pierre, 2009, Le chant de l'anaconda, L'apprentissage du chamanisme chez les Sharanahua, Nanterre, Société d'ethnologie

Descola, Philippe, 1993, Les Lances du crépuscule, Relations jivaros, Haute-Amazonie, Paris, Plon

Descola, Philippe, 2017, La Composition des mondes, Paris, Flammarion, Champs essais

Deshayes, Patrick, 2000, Les Mots, les images et leurs maladies, Paris, Loris Talmart

Deshayes, Patrick, 2013, « Agentivité, devenir-chasseur et affects », Ateliers d'anthropologie, 39

De Sales, Anne, 1991, Je suis né de vos jeux de tambours, La religion chamanique des Magar du nord, Nanterre, Société d'ethnologie

De Sike, Yvonne, 2001, Histoire de la divination, Paris, Larousse

De Sike, Yvonne, 2015, « Corps, âmes et esprits dans le chamanisme de l'Europe du Nord », dans Malet, Le corps. Soins, rituels et symboles, Eurasie, L'Harmattan

Devereux, Georges, 1983 (1970), Essais d'ethnopsychiatrie générale, Paris, Tel Gallimard

Etevenon, Pierre et al., 1973, « Approche méthodologique des états de conscience modifies volontairement », Revue d'EEG et de Neurophysiologie clinique, 3, 2 : 232 – 237

Etevenon, Pierre, 1984, Les Aveugles éblouis, Les états limités de la conscience, Paris, Albin Michel

Etevenon, Pierre & Bernard Santerre, 2006, États de conscience, sophrologie et yoga, Paris, Sand-Tchou

Etevenon, Pierre, 2018, « Les états de conscience modifiés », Revue 3e millénaire, 127

Favre, Henri, 1967, « Tayta Wamani, Le culte des montagnes dans le centre-sud des Andes péruviennes », Faculté des Lettres et Sciences humaines d'Aix-en-Provence ed., Colloque d'études péruviennes : 121-140

Flor-Henry, P. et al., 2017, « Brain changes during a shamanic trance: Altered modes of consciousness, hemispheric laterality, and systemic psychobiology », Cogent Psychology, 4

Garrone, Patrick, 2000, Chamanise et Islam en Asie centrale, La baksylyk hier et aujourd'hui, Paris, Librairie d'Amérique et d'Orient / Jean Maisonneuve

Ghasarian, Christian, 2010, « Introspections néo-shamaniques au travers du san pedro », dans Baud & Ghasarian eds, Des plantes psychotropes, Initiations, therapies et quetes de soi, Paris, Imago : 287-312

Glowczewski, Barbara, 2016, Rêves en colère, Avec les Aborigenes australiens, Paris, Terre humaine poche / Pocket

Gosseries, O. et al., 2020, « Behavioural and brain responses in cognitive trance: A TMSEEG case study », Clinical Neurophysiology, 131: 586-588

Hamayon, Roberte, 1990, La Chasse à l'âme, Esquisse d'une théorie du chamanisme sibérien, Nanterre, Société d'ethnologie

Hamayon, Roberte, 2015, Le Chamanisme, Fondements et pratiques d'une fore religieuse d'hier et d'aujourd'hui, Paris, Eyrolles

Hell, Bertrand, 1999, Possession et chamanisme, Les maitres du désordre, Paris, Flammarion

Hove, M. J. et al., 2016, « Brain network reconfiguration and perceptual decoupling during an absorptive state of consciousness », Cerebral Cortex, 26, 7: 3116-3124

Lacaze, Gaëlle, 2012, Le Corps mongol, Techniques et conceptions nomades du corps, Paris, L'Harmattan

Laplantine, François, 2010, Je, nous et les autres, Paris, Le Pommier

Laufer, Berthold, 1917, « Origin of the Word Shaman », American Anthropologist, 19, 3 : 361-371

Lenaerts, Marc, 2004, Anthropologie des Indiens Ashéninka d'Amazonie, Nos sœurs Manioc et l'étranger Jaguar, Paris, L'Harmattan

Lièvre, Viviane & Jean-Yves Loude, 1990, Le Chamanisme des Kalash du Pakistan, des montagnards polythéistes face à l'islam, Paris, Éditions du CNRS / Presses Universitaires de Lyon

Lot-Falck, Éveline, 1973, « Le Chamanisme en Sibérie : essai de mise au point », Asie du Sud-Est et Monde insulindien, IV, 3 : 1-10

Mainieri, A.G. et al., 2017, « Neural correlates of psychotic-like experiences during spiritualtrance state », Psychiatry Research Neuroimaging, 266: 101-107

Merli, Laetitia, 2010, De l'ombre à la lumière, de l'individu à la nation, Ethnographie du renouveau chamanique en Mongolie postcommuniste, Paris, Centre d'Études Mongoles & Sibériennes / École Pratique des Hautes Études

Metraux, Alfred, 1967, Religions et magies indiennes d'Amérique du Sud, Paris, Gallimard

Mitrani, Philippe, 2003, « Aperçu critique des approches psychiatriques du chamanisme », Diogène, « Chamanismes » : 183-207

Navet, Éric, 2007, L'Occident barbare et la philosophie sauvage, Essai sur le mode d'être et de penser des Indiens ojibwé, Paris, Homnisphères

Navet, Éric, 2016, « Conversion ou syncrétisme, La transe comme facteur de

résilience à l'acculturation, exemples
amérindiens ≫, dans Baud, Anthropologies
du corps en transes, Paris, Connaissances et
Savoirs : 175-188
Pentikäinen, Juha, 2011, Mythologie des
Lapons, Paris, Imago Perrin, Michel, 1992, Les
Praticiens du rêve, Paris, PUF
Perrin, Michel, 1995, Le Chamanisme, Paris,
PUF
Rasmussen, Knud, 2018, Du Groenland
au Pacifique, Deux ans avec des tribus inuit,
Interfolio
Rossi, Ilario, 1997, Corps et chamanisme, Essai
sur le pluralisme médical, Paris, Armand Colin
Roux, Jean-Paul, 1961, ≪ Le chaman altaïque
d'après les voyageurs européens des xviie et
xviie siècles ≫, Anthropos, 56, 3-4 : 438-458
Sahlins, Marshall, 2009, La Nature humaine,
une illusion occidentale, Paris, Éditions de l'éclat
Saladin d'Anglure, Bernard, 2006, Être et
renaître inuit, homme, femme ou chamane, Paris,
Gallimard
Shirokogorov, Sergei Mikhailovich, 1935,
Psychomental Complex of the Tungus, Londres,
Kegan Paul, Trench, Trubner and Co.
Šternberg, Lev Akovlevič, 1999 (1905), The
Social Organization of the Gilyak, édition de
Bruce Grant, New York, American Museum of
Natural History
Stépanoff, Charles, 2019, Voyager dans
l'invisible, techniques chamaniques de
l'imagination, Paris, Les Empêcheurs de penser
en rond / La découverte
Vazeilles, Danièle, 1991, Les Chamanes maîtres
de l'univers, Persistance et exportations du
chamanisme, Paris, Cerf
Viveiros de Castro, Eduardo, 2007, ≪ La Forêt
de miroirs, Quelques notes sur l'ontologie
des esprits amazoniens ≫, dans Laugrand
& Oosten eds, La Nature des esprits dans les
cosmologies autochtones, Québec, Les Presses
de l'Université Laval : 45-74

その他、邦訳のある引用文献

・ジャン＝ピエール・シャンジュー
『ニューロン人間』新谷昌宏 訳、みすず書房、
1989年他
・ディドロ、ダランベール
『百科全書 序論および代表項目』
桑原武夫 編・解説、岩波書店、1971年他
・アントニオ・R．ダマシオ
『デカルトの誤り 情動、理性、人間の脳（ちく
ま学芸文庫）』
田中三彦 訳、筑摩書房、2010年
・ギヨーム・ド・ロリス、ジャン・ド・マン『薔薇物語』
貝昌誠 訳、未知谷、1995年他
・『北欧史研究』第26号所収「ノルウェー史」、
翻訳「ヒストリア・ノルベジエ（ノルウェー史）
Historia Norwegie本文及び解題』成川岳大 訳、
バルト＝スカンディナヴィア研究会、2009年

イラスト
アレハンドロ・ガルシア・レストレポ

写真クレジット

Adagp
p. 139 : © Adagp, Paris, 2020 - Cliché : G.
Meguerditchian / Adagp images.

Alamy
p. 14 ; p. 20 : Feije Riemersma ; p. 25 bas : INTERFOTO ;
p. 39 : Florilegius ; p. 53 : Library Book Collection ; p. 56
haut : World History Archive ; p. 58 : Science History
Images ; p. 98 : John Mitchell.

Bridgeman
p. 10 ; p. 17 : © MEPL ; p. 19 : Lebrecht Music Arts ;
p. 23 ; p. 24 gauche : © MEPL ; p. 25 haut ; p. 27 :
© Leonard de Selva ; p. 32 : © MEPL ; p. 40 : © Look
and Learn ; p. 45 : Lebrecht Music Arts ; p. 50 : Moser,
Brian (b.1935) & Tayler, Donald (b.1931); Pitt Rivers
Museum, Oxford, UK; British ; p. 56 bas ; p. 57 milieu
; haut : © Chris Stock ; p. 58 haut : Collection privée ;
p. 63 : Museum of Anthropology & Ethnography
Academy of Sciences, St Petersburg); Werner Forman
Archive ; p. 64 ; p. 65 : Collection privée ; p. 83 : ©
Archives Charmet ; p. 94 ; p. 97 : © CCI ; p. 101 ; p.
102 : Index Fototeca ; p. 120 ; p. 142 : Sovfoto/UIG
; p. 154 : Wassily Kandinsky – Collection privée©
Mondadori Portfolio/Walter Mori.

Library of Congress Prints and Photographs Division
Washington
Pages 6, 47, 54, 60, 81, 82, 104, 121, 133 : Edward
Curtis
Pages 126, 128, 151 : Vladimir Pavlovich Dubrovskiï
p. 84 : Collection Brasiliana ; p. 103 : Detroit
Photographic Co., publisher ; p. 113 : Sapozhnikov,
Vasiliĭ Vasilievich, 1861-1924. ; p. 136 : Journey of P. E.
Ostrovsky on the Enisei in 1894 and 1897

RMN
p. 24 droite : musée du quai Branly - Jacques
Chirac, Dist. RMN-Grand Palais / Patrick Gries
/ Benoît Jeanneton ; p. 26 gauche : BPK, Berlin,
Dist. RMN-Grand Palais / Dietrich Graf, droite :
BPK, Berlin, Dist. RMN-Grand Palais / image BPK ;
p. 36 : Centre Pompidou, MNAM-CCI, Dist. RMN-
Grand Palais / Georges Meguerditchian ; p. 38 :
musée du quai Branly - Jacques Chirac, Dist. RMN-
Grand Palais / Michel Urtado / Thierry Ollivier ;
p. 52 haut : BPK, Berlin, Dist. RMN-Grand Palais /
Dietrich Graf, bas : musée du quai Branly - Jacques
Chirac, Dist. RMN-Grand Palais / Claude Germain ;
p. 85 : Ville de Marseille, Dist. RMN-Grand Palais /
David Giancatarina ; p. 108 : musée du quai Branly
- Jacques Chirac, Dist. RMN-Grand Palais / image
musée du quai Branly - Jacques Chirac ; p. 122 : The
British Museum, Londres, Dist. RMN-Grand Palais /
The Trustees of the British Museum ; p. 134 : Centre
Pompidou, MNAM-CCI, Dist. RMN-Grand Palais
/ image Centre Pompidou, MNAM-CCI ; p. 138 :
musée du quai Branly - Jacques Chirac, Dist. RMN-
Grand Palais / Claude Germain ; p. 144 : musée
du quai Branly - Jacques Chirac, Dist. RMN-Grand
Palais / Patrick Gries ; p. 152 : Centre Pompidou,
MNAM-CCI, Dist. RMN-Grand Palais / Philippe
Migeat

Shutterstock
p. 16 : Sergey Pesterev / unsplash ; pp. 28-29 :
WaitForLight ; pp. 42-43 : canadastock ; p. 46-47 :
Belikova Oksana ; p. 48 : Elena_Suvorova, pp. 68-69 :
Tomas_P ; p. 71 : CW Pix ; pp. 164-165 : Maxpower
photo ; p. 168 : Daniel Indiana.

Wikimedia Commons
p. 18 : Sergei Ivanovich Borisov / Hardscarf ; p. 22
: Martin Le France (1410-1461) ; p. 33 : witsch ; p.
34 : Anonyme — Archives d'Ossip Minor - 27 photos
sibériennes très anciennes ; p. 78 : Wellcome Library,
London. Edward Curtis ; p. 100 : Hegeler ; p. 106 :
Francisco de Goya - Museo del Prado ; p. 107 : William
Blake - 1. Blake Archive - eoil (talk) - Petropoxy - Tate
Britain ; p. 111 : Crislia ; p. 112 : Arp — Cette image est
l'image numéro 6514 et provient de Mushroom Observer,
une source d'images mycologiques.

Autres :
Charles Fréger : p. 9, p. 76
Pablo Amaringos : pp. 66-67 ; Luis Eduardo Luna et
Pablo Amaringos, Ayahuasca Visions : The Religious
Iconography of a Peruvian Shaman, Berkeley, North
Atlantic Books, 1991, p. 106-107, www.trueamaringos.
com
Claudia Andujar : p. 86, pp. 88-89, p. 93, p. 114
Sébastien Baud : p. 72, p. 75, p. 129, p. 141
Scala Archives :
p. 87 : MoMA © 2020 Bill Jensen
Laetitia Merli : p. 118, p. 127
Nick Martinez : p. 130
Robin Rodd : p. 87
Adrien Viel : p. 110, p. 115
Viviane Lièvre : p. 150
Anne de Sales : p. 161
Brigitte Kernel : p. 171
Christian Manil : p. 181

190

謝 辞

娘アナイスへ

本書はアメリカ先住民社会の大家エリック・ナヴェの協力なしにはありえなかったでしょう。
ナヴェは科学的、創造的でありながら、つねに人間味にあふれ、惜しみなく助力くださいました。
また、イヴォンヌ・ド・シクにも感謝申し上げます。彼女との意見交換やその好意は、
シャーマニズム研究の発展を目指す本書を支えてくれました。
筆者のような研究者にとって心強い指針となる思考を示してくださった
クリスチャン・ガザリアンにもお礼申し上げます。
アマゾニア、アンデス、ペルー、その他の地域で筆者を受け入れてくださったすべての方々、
知を伝えてくださったシャーマン、とりわけワルター・クニャチ・ビザンクイットと
アレハンドリーナ・エスカランテにも感謝いたします。
最後に、本書の執筆に当たり熱心に協力くださったアマンダ・メフレにお礼申し上げます。

セバスチャン・ボー

CHAMANES : VOYAGE AU CŒUR DE LA NATURE
by Sebastian Braud & Corinne Sembrun

©Éditions Michel Lafon, 2020, Chamanes : Voyage au coeur de la nature

Direction artistique: Mathieu Thauvin
Direction éditoriale : Amanda Meiffret
Correction: Jeanne François et Béatrice Argentier
Fabrication: Christian Toanen et Nikola Savic

This Japanese edition was produced and published in Japan in 2022
by Graphic-sha Publishing Co., Ltd.
1-14-17 Kudankita, Chiyodaku,
Tokyo 102-0073, Japan

Published by Arrangement with
Michel Lafon Publishing S.A., Neuilly-sur-Seine Cedex, France
through Tuttle-Mori Agency, Inc., Tokyo

Japanese translation © 2022 Graphic-sha Publishing Co., Ltd.

Japanese edition creative staff
Editorial supervisor: Ippei Shimamura
Translation: Hanako Da Costa Yoshimura
Text layout and cover design: Tomomi Mikozawa
Editor: Masayo Tsurudome
Publishing coordinator: Senna Tateyama (Graphic-sha Publishing Co., Ltd.)

ISBN 978-4-7661-3543-5 C0076
Printed in Japan

著者

セバスチャン・ボー

人類学者。スイスのヌーシャテル大学民族学研究所、ペルーのリマにあるフランス・アンデス研究学院研究員。シャーマニズムや、中央アンデス高地やアマゾン河流域における不確実性管理の実践を専門とする。現在は、結集された知やその継承法についての研究を進め、人の構築過程とトランス、向精神性植物、ニュースピリチュアリティ、現実における経験への志向を扱っている。研究は学習対象として確立している。主な著書に、『ペルー、アンデス地域のシャーマンのイニシエーションについて *Faire parler les montagne, Initiation chamanique dans les Andes Péruvienne*』『向精神性植物について *Des Plantes psychotropes, en deux volumes*』などがある。

コリーヌ・ソンブラン

旅行作家。モンゴルのシャーマンからシャーマンと認められ、数年にわたり儀礼やトランスの訓練を受ける。モンゴルのシャーマンのトランスについての、最初の科学的研究の端緒を開いた一人。2007年以降、いくつもの研究に積極的に関わり、あらゆる人間の脳がトランスを実現できること、意志の力だけで到達できることを証明した。2019年、フランシス・トレル教授とトランス科学研究所を設立。この研究所は、現在、認知トランスと呼ばれるようになった潜在能力のメカニズム、医療応用を探る研究者たちの国際的ネットワークである。主な著書に、独立系出版社書籍賞の環境・エコロジー部門で受賞した『地球を救え *Sauvez la planète*』の他、ファビエンヌ・ベルトー監督『より大きな世界 *Un monde plus grand*』として映画化された『ステップ地域の霊 *Les Esprits de la steppe*』『私のイニシエーション体験 *Mon initiation chez les chamanes*』などがある。

監修者

島村一平

国立民族学博物館准教授。文化人類学専攻。博士（文学）。1993年早稲田大学法学部を卒業後、ドキュメンタリー番組制作会社に就職。取材で訪れたモンゴルに魅了され制作会社を退社、モンゴルへ留学。1998年モンゴル国立大学大学院修士課程修了。2003年総合研究大学院大学博士後期課程単位取得退学。国立民族学博物館講師（機関研究員）、滋賀県立大学准教授を経て現職。2011年ケンブリッジ大学社会人類学部客員研究員。特にモンゴルのシャーマニズムをナショナリズムやエスニシティとの関連から研究してきた。2013年度日本学術振興会賞、地域研究コンソーシアム賞、2014年度大同生命地域研究奨励賞を受賞。著書に『増殖するシャーマン―モンゴル・ブリヤートのシャーマニズムとエスニシティ（春風社）』『ヒップホップ・モンゴリア―韻がつむぐ人類学（青土社）』などがある。

シャーマン 　霊的世界の探求者

2022年1月25日　初版第1刷発行

著　者　　セバスチャン・ボー、コリーヌ・ソンブラン
　　　　　（© Sébastien Baud, Corine Sombrun）

発行者　　長瀬 聡
発行所　　株式会社 グラフィック社
　　　　　〒102-0073
　　　　　東京都千代田区九段北1-14-17
　　　　　Phone：03-3263-4318
　　　　　Fax：03-3263-5297
　　　　　http://www.graphicsha.co.jp
　　　　　振替：00130-6-114345

日本語版制作スタッフ
監修：島村一平
翻訳：ダコスタ吉村花子
組版・カバーデザイン：神子澤知弓
編集：鶴留聖代
制作・進行：瞽山世奈（グラフィック社）

印刷・製本：図書印刷株式会社

ISBN 978-4-7661-3543-5 C0076　Printed in Japan